ひとり親でも子どもは健全に育ちます

——シングルのための幸せ子育てアドバイス

佐々木正美

小学館

ひとり親でも子どもは健全に育ちます

――シングルのための幸せ子育てアドバイス

はじめに

子どもの「人間」としてのあり方の本質は、親子関係のなかで育まれます

子どもの精神医学・精神保健の臨床医になって、45年になります。わずかな休日を除いて、毎日数多くの子どもや青年やその家族に出会い、朝な夕なに、しばしば深夜まで、研修会や講演会に出席を求められて、多くの学びをしてきました。

そして歳月の経過とともにより深く教えられてきたことは、子どもの育ちは一人ひとりが違うということと、ほぼまったく同じように健全に育っていくためには、共通した課題があるということです。

その最も核心的なところは、子どもは「依存」と「反抗」を繰り返し

ながら、社会的な自立をしていくということです。言い換えれば、「甘え」と「わがまま」を繰り返しながら、健全な育ちをしていくということです。

この家庭的な体験を、幼少期から成長・発達にしたがって、手を替え品を替えするようにしながら、結果どれだけ十分に充実させてやれるかが、家庭外の、社会的な人格を健全に育ててやる上で、決定的に大切なことです。

近年わが国では、学校でクラスの仲間を死に追いやるほどの酷いいじめをする生徒の問題が、大きな関心事になっています。大切なことは、いじめをする側の生徒の学校社会における人格形成です。勉強だけよくできる生徒は、珍しくありません。学業と人格の間には、何も関係がないのが、昨今のわが国の学校と子どもの問題です。

子どもの「人間」としてのあり方の本質は、学校で育てられるよりも、家庭の親子関係のなかで育まれる要素のほうが、決定的に大きく豊かなのです。そのことは、両親が揃っている家庭であるか、ひとり親であるかということとは、本質的には関係のないことです。そのことは、本書を読まれた方々が所々に実感してくださることと思います。子どもが求めているものを、家庭で親子関係を通してどれだけ充分に与えてやることができるかが大切です。

親子関係は最も人間的な生きる営みです。その重要な要素を親子の間で実現していくためには、母親が（父親でも）家庭の外でも、地域社会や働いている場などで、充実した人間関係を営んでいるかが、非常に重要です。家庭を閉鎖的にしないことです。本書は、そういったことを実感してきた児童臨床の経験のなかで生まれました。

本書の完成には、ライターの山津京子さんをはじめ編集部の半澤敦子さんの、長い年月にわたるご協力が必要でした。記して感謝申し上げて前文とします。

２０１２年８月　喜寿を迎えて

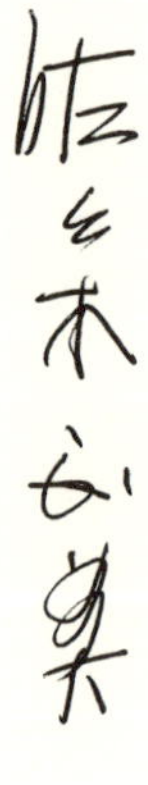

目次

第1章 ひとりで子どもを育てる子育ての心得……9

◎母性と父性を順序よく、バランスよく与えましょう。ひとり親でも子どもは健全に育ちます……10
◎子どもがいくつになっても、お母さんは子どもの教育者ではなく、保護者でいてください……16
◎思いやりのある自立した子どもに育てたかったら、たっぷり甘えさせてあげてください……22
◎人との〝絆〟をたくさんつくりましょう。子育てに余裕が生まれます……32
◎子どものために離婚を我慢することは、親も子どもも負担になります……36
◎いろいろな人の手を借りて子育てをしてください。子どもの育ちを豊かにします……43
◎思春期のいらだちは成長の証です。
それは自己の確立に不可欠な過程で、心配する必要はありません……51
◎思春期の子どもに大切なのは、親が意見は言わずに黙って見守ることです……55
◎生涯を通しての親の役目は、子どもを見守り、それを子どもに実感させることです……62
◎親子で喜びを分かち合う体験は、
子どもにとって何よりの安らぎ、親にとっては大きな癒やしです……68

第2章　離婚と死別　子どもとの向き合い方……71

◎子どもに離婚を伝えるときは、相手に抱く負の感情は伝えてはいけません……72
◎離婚の理由は取り繕わず、事実をありのままに話すことが大切です……75
◎別れた親との面会は、幼児であってもその子の意思を尊重しましょう……81
◎子どもには、離婚による環境の変化やつらい状況を跳ね返す力があります……88
◎大切なのは、毎日の食事に気を配ること。
子どもが家庭の居心地のよさを感じる大きな要素です……93
◎子どものプライドや自尊心を守れる親になれば、子どもは非行に走りません……97
◎低学年までの子どもには、「死」が不幸で悲しいものと伝わらないようにすることが大切です……100
◎愛する人を失った悲しみを乗り越えるには、「人から愛されている」という実感が必要です……106
◎悲しみを話す場を持ちましょう。気持ちを素直に出すことは、大きな癒やしへの第一歩です……112
◎子どもと接する時間は「量」より「質」。
密度の濃い時間を過ごせば、子どもを預けて働いても大丈夫です……114

第3章 子どもを幸せにする親としての生き方……121
◎親子関係以外でも相互依存のできる人間関係をつくりましょう。幸せな人生に必要なことです……122
◎新しいパートナーと子どもとの関係は、親子間の信頼関係が築けていれば心配いりません……128
◎子どもは親が人と交流する姿を手本にして、生きていくうえで必要な「社会性」を身につけていきます……131
◎親が人生を豊かに生きることで、子どもに生きる力を与え、子どもを幸せにします……139
◎親が前向きに生きていれば、子どもは自然におとなへの憧れを持ち、躊躇なくおとなになることを望むはずです……149

第4章 こんなときどうしたら？ 子育てQ&A……153
《ひとり親自身の悩み》
Q1 ひとり親となった私への周囲の気遣いがプレッシャーに。おつきあいが億劫です……154
Q2 離婚後、何かと手を差し伸べてくれる実家の両親に、このまま頼ってしまってもいいものですか？……157

Q3 疲れているからか、最近イライラして、子どもをかわいいと思えなくなる瞬間があり、不安です……161
Q4 経済的に不安で、将来への見通しが立てられません。未来への希望や夢を持った子どもに育てるにはどうしたらいいですか？……164

《子どもについての悩み・幼児〜学童編》

Q5 離婚調停中、もしくは離婚後の子どもの注意すべき言動（こころの不調）にはどんなものがありますか？……170
Q6「どうしてお父さんがいないの？」と子どもに聞かれました。どのように答えたらいいですか？……173
Q7 離婚後、別れた父親に会いたいと、子どもが言いません。どうしたらいいですか？……175

《子どもについての悩み・中学生〜高校生編》

Q8 思春期の難しい時期にひとり親家庭になりました。子どもはその変化に対応できますか？……178
Q9 最近、息子が好ましくない友人関係を持っていて、心配しています……180
Q10 離婚後に転校をして以来、不登校気味です。どのように対処したらいいですか？……185
Q11 父親ひとりで女の子を育てています。最近、ボーイフレンドができたらしく、心配しています……188

第1章

ひとりで子どもを育てる
子育ての心得

母性と父性を順序よく、バランスよく与えましょう。ひとり親でも子どもは健全に育ちます

ひとりで子どもを育てるあなたにとって、もっとも気になるのが家庭に母親と父親のどちらかがいないために、うまく子どもを育てられないのではないかという点だと思います。

なぜなら子どもを育てるためには、「母性」と「父性」が必要で、ひとり親、もしくは両親のいない家庭では、それが欠如してしまうのではないかと一般に思われているからです。

しかし、そんな不安を抱えているお母さん、お父さん方に最初に知っていただきたいのは、母子家庭だから、父子家庭だからといって、子どもがうまく育たないということは絶対にないということです。

母性と父性を順序よくバランスを間違えずに与えれば、子どもは健全に育っていきます。第二次世界大戦の戦中から戦後にかけては、多くの家庭で戦争未亡人が子どもを育てていましたが、皆申し分なく見事に成長していきました。

私が小学三年生から高校時代まで疎開していた滋賀の農村で同級生だった友人は、両親が亡くなっておばあちゃんひとりに育てられていましたが、勉強もきちんとしていたし、すすんで家の手伝いもしたりして、子ども心に私はいつも尊敬の念を抱いていました。

おとなになった現在もその思いは同じで、65歳の同級会で出会ったときも、彼はとてもすばらしい人格者になっていて、立派な人生を送ってきたのだとこころから思いました。

きっと彼は、彼のおばあちゃんや周囲のおとなたちから、子どもが成長するために必要なものを与えられていたのだと思います。

では、子どもの育ちに必要な「母性」とは、そして、「父性」とはなんなのでしょうか。

動物にオスとメスの違いがあるように、人間にも母親と父親では生物的に違いがあります。

たとえばお母さんの声の高さやピッチ、皮膚の感触、脂肪のつき方はお父さんと違います。だから、子どもが母親と父親に抱く感情は当然それぞれ違うのです。

このような違いがあるため、一般に母性は母親から、父性は父親から与えられるものだと思われています。

しかし、男性とか女性とかに関係なく、私たち人間ひとりのなかには、程度の違いはあるものの母性的なものも父性的なものも存在しているのです。

子どもを健全に育てるためには、まず母性をたっぷり与え、そのうえで必要なところで父性を与えていけばいいのです。

「母性」とは、子どもをありのままに認めてあげる力。許容し、承認する力。つまり、少し極端な言い方をすると、無条件にわが子を愛することが母性的な愛情の本質です。

それに対して「父性」とは、規律や規則、約束や責任を子どもに教える力。いわゆる社会性を身につけさせることです。そして、そこに基づく愛情が父性的な愛情なのです。

子どもの健全な育ちには、この母性と父性を与える順序と量のバランスがとても重要で、まず母性が十分与えられてからでないと、父性的なものは子どもに伝わっていきません。

40年近くかけて私は保育園の保育士さんたちと勉強会をしていますが、この経験を通して、母性と父性の関係性について強烈に学びました。

たとえば、母性をきちんと与えられている子どもというのは、自分が常に親や周囲のおとなたちにやさしく受け入れられているため、自分に自信ができ、それが他者を受け入れる力につながっていきます。

そのため、園での集団の規律やルールなど父性的なものを教えると、それをすぐに受け入れて従ってくれます。あるがままの自分というのを、親を中心にしたおとなたちに受け入れてもらった子どもというのは、自分の存在に自信を持っているので、他者を思いやるこころの余裕が自然に生まれ、人が嫌がることはしないのです。

ところが、母性を十分に与えられていない子どもというのは、いくら父性的な社会的規範を教えても、それを受け入れようとせず、反社会的な行為ばかりを繰り返しがちになります。

なぜなら、自分が他者にきちんと受け入れられていないため、

自身の存在に自信を持てず、他者を受け入れることができなくなっているからなのです。

　私が定期的に育児の相談会を行っている園の先生方には、こうした反社会的な行動を繰り返す子どもに対しては、通常の子どもよりていねいに、やさしく接し、時間をかけて母性的なものを与えていく努力をしてもらいました。

　そうしてしばらくして、子どもとの間に信頼関係が成り立つようになったと感じたら、園の規則など父性的なものを徐々に伝えていくようにアドバイスしました。

　すると、その子どもはやがて園生活をきちんと送れるようになります。園の先生方が子どもを育て直していくわけです。

　このように母性と父性を与える順序とバランスはとても重要で、これがきちんと与えられてさえいれば、たとえひとりで子育てをすることになったとしても、子どもを健全に育てていくことができます。

その反対に、たとえ両親がそろっていても、この順序とバランスがきちんと行われていない家庭では、子どもに問題がある例がたくさんあります。

子どもがいくつになっても、お母さんは子どもの教育者ではなく、保護者でいてください

日本では、ひとり親家庭に限らず、母性より父性的な要素が強い母親や家庭が年々増えています。私はここ数年、そういった傾向を見てとても心配しています。

戦中戦後の苦しい時代に生きていたころ、私たち日本人の生活はいまよりずっと苦しく貧しかったと思いますが、どちらか

というと母性が豊かな母親や家庭が多かった気がします。

しかし、いまはそうした母親や家庭が少なくなっている気がしてなりません。

それは、どうしてなのでしょう。

ひとつには、子どもへの過剰な干渉や、女性の社会的な進出が大きく影響しているのだと思います。

かつて、私たち日本人の生活が貧しかった時代というのは、親が子どもに過度な期待をしたり、目標を定めて育てたりといった余裕がなかったのですが、生活が豊かになり、社会への男女共同参画がうたわれる現在では、育児と仕事を両立させようと日夜努力している女性たちが多数存在しています。

また、子どもに対する早期教育をよしとする風潮が高まるやいなや、自分が得られなかった力を学ばせようという思いからか、子どもを習い事や塾へ早くから通わせている家庭を年々多

く見かけるようになりました。そして、その多くが家族の団らんもままならないまま、親が子どもに過度な期待をしているのです。

そうした風潮に不安を抱いているので、私はお母さん方に向けた講演会では、「お母さんは教育者にならないでください。保護者でいてください」と申し上げています。

それは、子どもに過度な期待や目標を押しつけて、それを達成させようとする母親に育てられた子どもがうまく育たなかった実例を、これまでの臨床体験のなかで嫌というほど見てきているからです。

たとえば､秋葉原で無差別に大量殺人を犯した青年や､大学ゼミの教授を刺してしまった青年というのは、母親が母性を与えずに、父性ばかりを与えて育ててしまった極致の結果です。

罪を犯した彼らの成育歴を見ると、厳しい母親に育てられ、幼いころから社会のルールを守ることや、勉強をがんばらなければならないというような、父性ばかりを与えられて育ちました。あるがままの自分が受け入れられていない彼らは、人や社会を受け入れる力を身につけることができずに、極端に反社会的な行動をするようになってしまったのです。

第二次世界大戦後、私たち日本人は自由で豊かで平和な時代に生きてきましたが、その半面、いつの間にか〝自己愛的〟になってしまった気がします。

その結果、子どもが期待する親になるのではなく、自分の望みを叶え、満足させるために、子どもを育てている親が多くなっている気がしてなりません。

第二次世界大戦中から戦後にかけての、生きていくのがとても困難な時期に、私は父の郷里の滋賀県の田舎で育ちました。

小学三年生から高校を卒業するまで、家族とそこで暮らしていたのですが、そこは小さく貧しい村でした。

しかし、その村人や私の親たちは、「できの悪い子ほどかわいいし、手をかけ心をかけなければいけない」と言っては、気になる子どもの面倒をみたり、注意をしたりしていたのです。また、その一方で「できのいい子はほっといても大丈夫」とさえ言っていました。

私の母は、ご近所でしつけの厳しい家庭の子どもが叱られて、夜、家の外に出されて泣いているのを見かけると、必ず腰を上げてその子を助けに行きました。母はその子にいつも同じ言葉かけをして世話を焼いていたので、私は子どもながらに母の口ぐせを覚えてしまったくらいです。

そうしたとき、母はまず、その子が何をしたのかを一切尋ねずに、「もうしやへんな」（もうしないよね）と聞くのです。

そして、その言葉にその子が頷くと「ほうか、そうならいっしょに謝ってやろ」と言って、子どもの家にいっしょに行き「○○ちゃんはもうしやせんそうです。どうぞこらえてくれやす」と子どもの親に言うのでした。

すると、その子の両親も恐縮して一件落着となり、翌日になるとまるで何もなかったかのように、いつもの日常生活が始まるのでした。

昔はこうしたある種のおせっかいが、どの地域にもあったものです。いまから思うと、当時は地域の人たちが親といっしょになって子育てをしていたのです。

ところが、いまの親というのは、しばしば「できが悪い子はかわいくない」と言います。

人間にはいろいろな個性があり、いいところも悪いところもさまざまです。

母性をたっぷり注いで子どものことを愛した親なら、子育てをしているなかで、ときには子どもの人生を思いやり、その子のために自分の考えや生き方を変えることがあって当然ではないかと思います。

思いやりのある
自立した子どもに育てたかったら、
たっぷり甘えさせてあげてください

私自身が自分の子育てにおいて心がけ実行していたことで、いまでも覚えていることがひとつだけあります。

それは、どんなときでも子どものいいところを見つけて、それをほめることでした。子どもが大きくなり自立した現在でも、それは重要なことだったと思います。

一般に「過保護」は子どもを甘やかしてよくない育ちにつながると言われることが多いですが、私はそんなことはまったくないと思っています。

子どもというのは、親に愛され、自分がきちんと受け入れられてさえいれば、図に乗って親に無理な欲求は決してしないものだからです。

私の長男がまだ幼かったときですが、ある夜、妻が作った夕飯の献立に文句を言って、妻が「それなら食べないでいい」と叱ったことがありました。

息子は泣きべそをかきながら、私に助けを求めに来ました。そこで、私は息子と「それじゃあ、パパとごはんを外へ食べに行こう」と誘いました。

当時、わが家は高田馬場に住んでいましたが、豪華なステーキが食べられる高級レストランから、庶民的な定食屋までさまざまな食事処がありました。そこで、私は「どこで何を食べたいかな？　どんなごちそうでもパパが食べさせてあげるよ」と言って、息子に好きなものを選ばせたのです。

するとそのとき息子が選んだのは、実に質素な店で、しかも頼んだメニューというのは「卵ぞうすい」と「クリームソーダ」でした。私は息子の願いを受け入れて、ふたりで同じものを注文し、ゆっくり食事をして帰宅しました。

以来、息子は家庭の食事に文句を言うことは二度とありませんでした。

きっと息子は私といっしょにごはんを食べたことで、自分の気持ちが救われたと同時に、親の気持ちを察することができるようになったのだと思います。

このように子どもは自分が受け入れられたとわかれば、無理な欲求は決して親に対して言わないものなのです。

反対に、「嫌なら食べなくていい」などと強く叱ってしまったら、確かに子どもは次からは、そういうことを言わなくなるかもしれませんが、子どもの自尊心は傷つきます。そして、親に受け入れてもらえなかった悲しみを、こころのどこかにずっと持ち続けると思うのです。

自然界の動物の生態を収めた映像作品を観るたびに思うのですが、人間以外のほぼすべての動物は「自分が生きる」ということに毎日力を注ぎ、それに次いで「子どもを産み、育てる」ことにがんばって生きているということです。

多くの動物は、子育てにありとあらゆる能力を集中して注ぎ、一人前にしたら子どもからさっと離れていきますが、ああいう姿を見ると、よくあんな潔いことができるものだなあとつくづく思います。

たとえば鮭が川を遡って産卵し、最後は死に至る――。ああいった行動は感動的ですらあります。

それに対して、いま、私たち日本人の生き方に目をやると、あまりにも自分のことばかり考えて生きている気がしてなりません。

アメリカの精神科医、ハリー・スタック・サリヴァン(1892~1949)は、「人間は、自分の存在の意味や生きる価値を人間関係の中にしか見出せない」と言いましたが、本当にその通りだと思います。

彼は生涯において人間的な精神医療の研究に没頭した、人道的な医学者なのですが、「人間はこの世に生まれたからには、自分の存在する意味を知りたい。それから生きる価値を知りたいと思っている。そして、それは人間関係のなかでしか見出せない」と言いました。そのため、心が病んだ人というのは、「必

ず人間関係に障害があるか、人間関係を失ってしまっている」とさえ言ったのです。

いま、この言葉を思い出すたび、私は日本の将来が心配になります。

私たち日本人は、そんな重要な人間関係をおろそかにして、自分のことだけを考えるのに夢中になり、子どもをはじめ、他者に対しての思いやりが欠如してしまったのではないかと思うのです。

いま、日本は104万人のうつ病患者（厚生労働省2008年「患者調査」より）、160万人の引きこもり（NPO法人全国引きこもりKHJ親の会の推計）、そして64万人ものニート（厚生労働省『労働白書』2008年若年無業者数の推移より）が存在する社会になってしまいました。

さらに2005年、OECD（経済協力開発機構）が加盟国に実施した、各国の人々の生き方調査によれば、日本は世界のなかでもっとも人間関係が孤立した国だという結果も出ています。それは第2位のメキシコを大きく引き離しての1位で、日本社会の問題を如実に表しています。

こんな不幸な国になってしまった原因は、いったいなんなのでしょう。各人が助け合わず孤立しても生きられてしまう豊かさのせいなのか、自由さのせいなのでしょうか。

私たちはいまこそ、ここでもう一度、生き方を見直してみる時期に来ているのではないでしょうか。

1986年に、全米自閉症児協会の親の会が中心になった大会があり、特別講演の依頼を受けて渡米したときのことでした。会場となったワシントンDCに、日本でいえば厚生省にあたる政府の次官が、レーガン大統領(当時)のメッセージを携えていらっしゃいました。

女性の方だったのですが、講演の順番を待っていた控え室で、コーヒーを飲みながら交した会話が、いまも実に印象に残っています。

彼女はまず私に「日本は豊かな国ですね」と言いました。そして、「日本は平和な国でしょう。アジアのなかで日本だけですよ。豊かで平和で、しかも、自由で平等な国というのは。それは、あまねく人類が求める宝です」と言ったのです。

私はそのときまで知らなかったのですが、彼女によれば「アジアで徴兵制がなくても平和が維持されている国は、日本とマレーシアだけだ」ということでした。

日本は防衛庁があって、自衛隊という軍隊がありますが、確かに徴兵制はありません。そして、これもその方が教えてくれたのですが、「徴兵制を必要としない国というのは、世界でもまれにしかない」ということでした。

そうした事実を述べたうえで、彼女はこう問いかけました。

「あまねく人類が求める宝を、高い水準で日本は手に入れてしまいました。今後、日本の皆さんは何を目標にして生きていくのですか」

私は、そのとき答えに窮しましたが、彼女はこう続けました。

「私たちはそうした日本人の皆さんが、どんなことを目標にして、日々どのように生きていくのか注目していきたいと思います」

あれから二十数年——。そのときの言葉がいまも私の中に残っています。確かに私たち日本人は、第二次世界大戦後、高度経済成長を経て、豊かさと平和と自由を手に入れてから、彼女が言うように何かを目標にして努力するような生き方はしてこなかった気がします。そして、真の幸せとは何かを問おうとせず、漫然と生きてきたのではないでしょうか。

人との〝絆〟をたくさんつくりましょう。子育てに余裕が生まれます

二〇一一年、東日本大震災に遭遇し、日本人の社会概念や生活への意識は大きく変わりました。

私たちは震災直後に目にした被災地からのニュースや報道で、支給されたおにぎり1個と飴1粒を子どもに与えて、子どもが残さない限り食べようとしない母親の姿や、暮らしを立て直すために親子や家族や地域の人たちが協力し合って生きている姿に胸を打たれました。

今回の震災は決して失ったものばかりではありません。人との絆を失っていた私たち日本人は、今後、被災された東北の人たちの生き方を通して、〝生きること〟について、また〝人と

の絆〟について学ぶことになるでしょう。

たとえば、被災地の発達障害を持つ子どもが震災直後から一定期間を経て、以前に比べて落ち着いてきたということが、専門家たちの間で指摘されています。

そして、その大きな理由は、子どもたちの周囲にいるおとなたちの人と人とのつながりが強くなったことにあると考えられているのです。

震災以前は一定の距離を置いてつき合っていた人々が、震災後は助け合って生きることが必要となったため、コミュニティーが形成され、人間関係が密になり、人々のこころがひとつにまとまった。その結果、そのなかで暮らす子どもたちは、常に誰かに見守られたことでこころの安定を取り戻し、落ち着いてきたというのです。

こうした影響は発達障害を持つ子どもだけでなく、健常児であっても同じです。コミュニティーの形成は、子どもの育ちにいい影響を与えていると私は確信しています。

人と人とのつながりの重要性は、たとえばブータンの国民の幸福度を見ても明らかです。ブータンは決して豊かな国ではありません。国民ひとり当たりの年収は、日本国民の50分の1ともいわれています。

しかし、自分が幸福だと思っている人は9割以上にも上っていて、この数値は日本とは比較にならないほど高いのです。

そして、さらにブータンの人々に幸せだと思う理由を尋ねると、多くの人が「人々が助け合って生きているから」と答えています。

このことからもわかりますが、人間というのはどんなに物質的に豊かであっても、人間関係を失っていては幸福にはなれないし、子どもをきちんと育てることはできないのです。

なぜなら、人間は誰もが相互依存の中でしか生きていけないからです。そして、子育てはその〝究極の形〟といってもいいでしょう。

子育てには親子や家族が有形、無形の役割を分担し、コミュニケーションしながら子どもと向き合って生きていくことが必要だからです。

子育てにおいては、ひとり親か、両親がそろっているかという形は問題ではなく、親の人間関係が豊かであれば問題ないと私は思います。

そのうえで重要なのは、「親が子どもを見守る努力をすること」です。

いい仕事をするためには皆、努力が必要ですが、子育てもそれと同じだと私は思います。いい子に育てようと思ったら、自然界の動物と同じように、親はいっとき困難な努力をすることが必要なのではないでしょうか。

そのことさえ覚悟して実行できていれば、子どもはひとり親家庭でも、健全に育っていきます。

子どものために
離婚を我慢することは、
親も子どもも負担になります

離婚するかどうかを迷っているお母さんたちからよく相談を受けるのが、自分の意思で子どもから父親を奪ってしまっていいのだろうかということです。

もちろん、子育てにおいては両親がそろっているのが理想です。

しかし、子どもの発達や成長、成熟にマイナスな影響を与えるおとなというのは、父親や母親に限らず、いないほうがいい場合もあり、子どものために我慢する必要はないと思います。

たとえば、家族をかえりみず、自分の好きなことだけをして生きている父親というのはいないほうがいいでしょう。

また、母親に対して暴力をふるうような父親の場合。このような父親は子どもと離れて暮らしたほうがいいと思います。

家庭内で暴力をふるう夫というのは、妻に対しては最悪な人間でも、しばしば子どもに対してはいい父親である場合があります。

しかし、その場合も弱い母親に暴力をふるうのは人間として最悪のお手本で、いないほうがいいと思いますし、むしろ、早く父親と離れて別の生活をしたほうがいいでしょう。

私が1970年にブリティッシュ・コロンビア大学の医学部児童精神科に留学していたとき師事していた、カール・クライン教授から聞いた言葉で、印象に残ったものに次のような言葉

があります。

それは、「よい人間関係というのは、必ず相手に与えられ、かつ与えているものがあり、双方で等しい価値を実感し合っている関係だ」というものです。

この言葉は夫と妻の間にもいえることで、こうした関係が成立しないのなら、残念ですが別れて暮らしたほうが子どもにとって幸せな場合が多いでしょう。

ただし、子どもの育ちにマイナスの影響を与えている父親でも、判断が難しい場合があります。

それは、アルコール依存症の父親の場合です。

依存症というのは生い立ちを含めて、他者への依存体験が不足した人がなりやすい病気です。

大学病院に勤務していた時代、私は「依存症」と呼ばれている患者さんを何人も診てきました。当時はアルコール中毒とか、ヒロポン中毒（覚醒剤）とか呼ばれた患者さんが多く、現在ほど多様な依存症はなかった時代でした。

そういった人たちの生い立ちでもっとも多く共通していたのが、乳幼児期が決定的に粗末だったということです。そういった問題は一見問題がないままに成長しても、おとなになってから依存症という形になって現れるのです。

このことを、発達心理学者のエリク・H・エリクソン（1902〜1994）はこう言及しています。

「発達には基準があり、飛び級はない。見せかけの前進はあっても、必ず後戻りする」

私たち人間はいろいろな意味で、相互依存しながら生きています。そのため、健全な人間というのは、相手のことを受け入れると同時に、他者にも依存しながら生きています。

しかし、依存症の人というのは、一方的に他者に依存するのです。そして、他者に甘えることで、幼児期にやり残した依存を満たそうとします。

アルコール依存症の場合は、他者に甘えたいという願望を強く持っていて、甘えが満たされないとアルコールを飲んで酔っ払い、家族など自分の身近にいる人に暴力をふるうのです。

そんな夫の依存を妻が受け入れて支えようとし、妻も夫を支えることがある種の生きがいになっているような場合。つまり、夫と妻の双方が依存しあっている場合は、子どもが育つ環境としてとてもいいとは言えませんが、非常に悪いとも言えません。

そして、ときには、子どもが親の相互依存関係を支える、いいサポーターとなってさえいるケースがあります。

そのようなケースの家庭では、母親が父親のことを軽蔑せず、父親といっしょにいることを運命として受け入れて、それを自分に言い聞かせて生きている場合が多いからです。

また、そうした母親は子どもに愛情をしっかり注いでいる一方で、「お父さんのようになっちゃだめだよ」というメッセージも、無言のうちに子どもに伝えています。

このように、ある種の支え合いを家族でしている場合は、子どもが健全に育っているケースを割合多く目にします。

私たち心理カウンセラーは、そうした場合、それぞれ家族の役割を説明したうえで「もう少しがんばりましょう」と言って支え合いを促すこともあります。

しかし、そういった話し合いができない場合は、父親はいないほうがいいと判断し、離れて暮らすようアドバイスします。

100の離婚があれば100の離婚理由があるように、離婚の原因はさまざまです。

しかし、いちばんしてはならないのは、「子どものために我慢する」という結論を出すことです。

それは子どもにとって大きな負担になりますし、離婚を考えている母親にとっても、父親にとっても精神的にいい結果を生みません。

ひとりで子どもを育てるときのポイントは実にシンプルです。まず、母性的なもので子どもを受け入れてあげて、そのうえで父性的なもの、しつけやルールなど教えるべきことを子どもに伝えていけばいいのです。

乳幼児や小学生ぐらいのお子さんをひとりで育てているのなら、まずたっぷり子どもを甘えさせてあげてください。父性的なものは園や学校からも与えてもらえます。

子ども時代の親への依存とは、すなわち受容されること。その子の育ちにとって自律心や前向きに生きる力など、かけがえのない豊かさをもたらします。

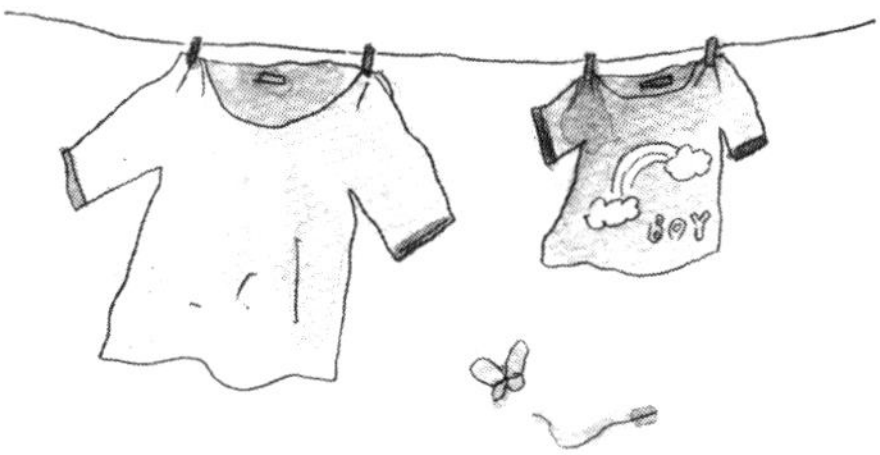

母性と父性のこの順序とバランスを大切にして、育児をしてさえいれば、ひとり親であっても心配することはないのです。

いろいろな人の手を借りて子育てをしてください。子どもの育ちを豊かにします

ひとりで子どもを育てる場合には、もうひとつ、こころがけてもらいたいことがあります。

それは、「ひとりだけでがんばって子どもを育てよう」と決して思わないことです。子育てには「いろいろな人の手を借りて子どもを育てる」ことが大切です。

なぜなら、親だけでは子どもの育ちに必要なものを与えることができないからです。

だから、できるだけ多くの人たちと親しい関係を育んでいきましょう。

私の子ども時代には、戦争孤児がたくさんいましたが、彼らの多くが皆きちんと育ちました。それは母性と父性を順序よく与えられただけでなく、地域社会が存在し、社会みんながその子のことを見守っていたからです。

しかし、現代はそうした地域社会がほぼ失われています。

頼れるご近所がいれば心強いですが、引っ越しなどで環境が変わり、その当てがない方もいるでしょう。そんなときには、自治体が運営する地域の子育て支援のネットワークを利用してみてください。住まいの近くにある保育園や子育て支援センターといった施設や、ファミリーサポートセンターのようなサービスを利用して、スタッフや先生方とこころを通わせながら子育てをしていってほしいと思います。

育児の手助けをしてもらう人は、子育てをしている親とこころが通い合っているのなら、祖父母はもちろんご近所の知人や友人でもかまいません。

親以外の人間と接することで、子どもは親とは異なる愛情や社会的な規範を自然に学ぶと同時に、重層的な価値観を知ることができ、視野が広がります。

たとえば、親は誰よりもわが子の将来を幸福にしたいという気持ちが強いものです。極端な言い方をすれば、子どもの将来の幸福のためには現在の幸福を多少犠牲にしてもいいという気持ちで子どもに接しています。

「いまは大変で苦しくても、もう少しがんばりなさい。それが必ず将来のおまえのためになるのだから」という、それが親の愛情なのです。

ところが、祖父母の愛情はそうではありません。

孫の将来がどうなってもいいと思っているわけではありませんし、幸せになってほしいと願っています。しかし、それよりいま、自分の目の前にいる孫を幸福にしたいのです。

言い換えれば、いまここにいる孫の喜ぶ顔を見るのが祖父母のいちばんの喜びなのです。だから、ときには孫を喜ばせるために、親のしつけを邪魔するときがあります。

たとえば、歯磨きの習慣ひとつでも、親の場合はむし歯予防のために絶対行わなければならないと考えています。けれども、おじいちゃん、おばあちゃんの場合というのは、チョコレートを食べたあとでも「お水でぐちゅぐちゅしておいで」ぐらいで済ませてしまうこともあるでしょう。子どもに対する愛情は親と祖父母では、このように違うのです。

そして、そういったふた通りの対応に出会い、それが何度か繰り返されるなかで、子どもはさまざまな価値観や社会についいて自然に学んでいきます。そうして、質の違う愛情が重層的に与えられることで、うまく育つのです。

単色のクレパスで描かれた絵より、何色ものクレパスを使って描かれた絵のほうが深みのある作品に仕上がるでしょう。それと同様に、子どもは親だけでない多数の人間に育てられることで幅のある人格を持ち、社会性や協調性を持つことができるようになるのです。

だから、ひとりで子どもを育てることになったなら、これまで以上に周囲にいる人たちとの関係を親密にして、無理のない範囲で祖父母をはじめ、ご近所や親類の人たちとできるだけお付き合いをするようこころがけてください。

重要なのは、子育ての手を借りる人たちと親が信頼関係を築いていることです。

そうした信頼関係を持つ第三者の人たちと、親が親しく交流する姿を見ることで、子どもは人間関係やコミュニケーションのしかたも自ずと学ぶことができます。

これは、ひとり親家庭に限らず、両親がそろっている家庭においても必要不可欠な子育てのポイントです。

これらのことは、１９７０年代の終わりにアメリカのテキサス州ダラスにあるティンバーロン精神医学研究財団が行った調査結果も裏づけています。

財団では、「家族の幸福」について膨大な調査をして、詳細なデータと分析を残しています。

そのなかで注目すべきデータが、子どもを育てることにうまくいった家族と、子どもが不健康な状態になってしまった家族を選り分けて、両者の家族の間にどういった違いがあるのか、調べてみた結果です。

両者には夫婦関係における問題点の有無などもあり、各家庭で状況に若干違いがあるのですが、健康な家族は、家庭外の人との人間関係が豊かであることが判明したのです。

長年の臨床経験を経て、いま私も親の豊かな人間関係が、子どもの豊かな育ちにつながっていくと確信しています。

だから、ひとり親となったなら自分の周りの人間関係を見直して、絆を育むことに少しだけ注意を向けてみてください。それは子どもだけでなく、親自身の幸せにもつながると思います。

思春期のいらだちは、成長の証です。
それは自己の確立に不可欠な過程で、
心配する必要はありません

ひとり親家庭に限らず、両親がそろった家庭でも、子どもが

成長して第二次成長期に入ると、それまで親にべったりだった子どもが、ちょっとしたことでいらだち、乱暴な言葉を言ったり、親を無視したりして、その荒れた変わりように不安になる親が多いものです。

しかし、そうした行動をするのは、子どもが正常に成長し思春期に入った証拠で、心配する必要はありません。むしろ、その荒れようを喜ぶぐらいの気持ちで見守ってほしいと思います。

子どもが成長していく過程で、思春期というのは「自分というもの」＝「アイデンティティー」を確立していくうえで、欠かせない通過点であり、ひとつの儀式です。

この期間、子どもは自分が将来どんな人間になりたいのか悩むと同時に、どういう人間になれるのかということに思い悩みます。

そのため、この期間の子どもは高望みをして、誰もが背伸びをしたり、多少無理をして自分の個性を追求しようとしたりして、葛藤の日々を過ごします。

そうして少しずつですが、自分の理想と現実の自分というのを比べ、いい意味で折り合いをつけていき、最終的に自己を確立していくのです。

もう少しかみ砕いた言い方をすれば、思春期というのは「自分がどんな個性をもった人間だろうか」、「どんな特徴や能力、技能、特性をもった人間だろうか」ということを見つめる時期であり、それを確認しようとする時期なのです。

そうして、アイデンティティーを確立するなかで「自分は将来どんな社会的役割を負うことができるのか」「どんな職業選択が可能なのだろうか」ということも含めて考え始めます。

そのため、ときにはなりたいものになれない自分にも気づくわけです。だから苦しんだり、いらだちやすかったり、親の発言に対して高圧的な態度で対応したりするのです。

そんなとまどいのなかで、思春期の子どもはどうやってアイデンティティーを確立していくのでしょう。

それは自分に対して客観的な目を持つ他者という存在を通して行われます。具体的には自分と価値観を共有できる、友だちとの交流によって自己を認識していくのです。

自分と親しくしている友だちが自分の能力や個性に対してどのような評価を下してくれるのか、思春期にその反応をたくさん得ることで、自分はどのような人間なのかが少しずつわかってくるのです。

そのため思春期には、自分を肯定的に評価してくれる友だちが必要不可欠です。そうした友と互いに認め合うことで、困難な壁に遭遇したとき、その壁を乗り越えることに失敗しても、

挫折することなく、友とアイデンティティーを補強し合いながら成長していくことができるのです。
たとえば、中高生たちが学校生活だけでなく、コンビニエンスストアの前や公園で友だちと夜遅くまで座り込んで話をしていたり、帰宅後も長電話をしたりするのは、少しでも仲間といっしょにいることで自己を確立しようとしているからです。
しかし、そうした仲間をこの時期に得るためには、小学生時代にいろいろな友だちと遊びながら、さまざまな経験をしておくことが必要です。
小学生時代に広く、浅く、友だちと多くの経験をして、友だちに教えたり教えられたりしていくうちに、自分はどういった仲間と意見が合うのか、価値観の波長が合う友だちというのはどんな人間なのかがわかるようになり、思春期に入ってから、自分と合う人間と深くつきあうことができるようになるのです。

ですから、小学生時代の遊びや友だちづきあいというのは、とても大切です。親として子どもが小学生のうちに、できるだけたくさん、さまざまな友人と遊べる環境づくりをしてほしいと思います。

もし仮に、多くの友だちと接して遊ぶ体験が乏しくて、思春期にそうした気の合う仲間を探せない場合は、精神神経症や心身症に陥るケースもあります。

思春期の子どもに大切なのは、親が意見は言わずに黙って見守ることです

こうした思春期の子どもに親がすべき大切なことは、乳幼児期と同様に、〝見守っている〟というメッセージを子どもに伝

えることです。

「頼みたいことがあったら言ってみなさい。なんでもしてあげられるわけじゃないけれど、できることは一生懸命してあげますよ」「こちらからああしなさい、こうしなさいとは言わないけれど、見守っていますからね」と、いろいろな形でこうしたメッセージを伝えてほしいのです。

子どもが何か尋ねてきたら、そのことに一生懸命答えてあげればいいと思います。しかし、子どもから求められていないのに、心配したり意見を言ったりする必要はありません。

この時期に子どもが悩んでいる問題は、親が意見を言ったとしても解決できるような問題ではありません。そして、そのことは子ども自身がいちばんよくわかっています。だから、自分の問題に親から口出しをされればされるほど、子どもはわずらわしく、うっとうしく思い、最悪の場合はそのいらだちが家庭内暴力となってしまうこともあるのです。

もし、子どもがいらだつ姿を目にしたら、「ああ、この子は苦しんでいる、葛藤しているのだな」と思い、黙って見守ってあげてください。

そうすることで、子どもは早く安定期にたどり着きます。大嵐のあとに快晴の日々が訪れるように、子どものこころが安定する時期は必ずやってきます。

そうして荒れた日々を送った子どもというのは、社会と自分との接点も見出すことができるようになります。そのため、ニートや引きこもりにはなりません。

ですから、親は、子どもの思い悩む姿を嘆かずに、むしろ、その時期を楽しむぐらいの気持ちで見守ってほしいのです。

乳幼児精神科医のパイオニアとして世界的に高名なアメリカ

のロバート・エムディが行った代表的な研究として、次のようなものがあります。

彼は、十代になって非行や犯罪など問題行動を起こした少年少女の生い立ちや、過去の生育過程の記録をたどって詳しく調べました。そして、驚くべき共通点があることを発見しました。それは、生後6か月から1歳半ごろの期間、見守ってくれている母親やおとながいなかったという事実でした。

この時期の赤ちゃんというのははいはいが終わり、やっと自分の意思でよちよちと歩けるようになります。赤ちゃんは歩けはするものの、大きな物音や見慣れないものの出現など、未知のものや恐れを感じるものに直面することが数々あります。そして、その都度、親や保護者を求めて振り返ります。

エムディは生まれたばかりの赤ちゃんがどのような乳児期、児童期、思春期、青年期をたどって成長するのか、大勢の子ど

もの成長を二十年近くの歳月をかけて追いかけたのです。そして、乳幼児が振り返るときは、助けや説明を求めていること。そして、そのとき親や保護者が見守っていて、子どもの恐れや不安、不信の感情を振り払っていれば、その都度、子どもの感情のなかに、「ソーシャル・レファレンシング」（社会で生きていくときに必要な社会の規範や規律を参考にしながら生きる行為）の感性が育てられていくことを確認したのです。

そして、それとは逆に、子どもが振り返っても、見守っていてくれる人がいないという経験を繰り返してしまう場合には、子どもの感情や感性の中にソーシャル・レファレンシングが育たないという結論に達したのです。

要するに、この時期、親に見守られることが、非行や犯罪への最大の抑止力になると判断したわけです。

私は彼のこの説はしっかりと受け止めたうえで、臨床医としての経験から、生後6か月から1歳半の時期だけでなく、いくつになっても自分が見守られているという実感を持つことができれば、反社会的な行為はしないと考えています。そして、その考えについてはエムディも肯定してくれています。

二十年近く前、日本の学会で彼が講演をしたあとで、私は彼にこう問いました。

「エムディさん、あなたは研究者だから0歳からの赤ちゃんを見ることができるでしょう。しかし、臨床医の私はどんなに早くても3歳の子どもからしか見る機会がありません。あなたの研究結果から考えると、きちんと子どもの人格形成をするのはそこからでは手遅れのように思えてしまいます。しかし、私が子どもの育ちをこれまで見てきて思うのは、『振り返ったらきちんと自分のことを見ていてくれる人がいる』という経験や感情は、3歳や5歳であっても、もっと大きくなってからでも人間にとって大きな意味や価値があるのではないでしょうか」

と聞いたのです。

すると、彼は「100％あなたに同意したい」と共感してくれました。

私がカウンセリングを行った、反社会的な行動をした多くの青少年たちは皆、親から見守られてこなかったことを訴え、見守られることを切望していました。

思春期の子どもの変わりように不安を抱く親は多いでしょう。しかし、だからこそ、子どもを見守っていていただきたいと思います。

そうして子どもを見守るうちに、子どもだけでなく、親も子どもから自然に自立していくのです。

生涯を通しての親の役目は、子どもを見守り、それを子どもに実感させることです

思春期だけでなく「子どもをしっかり見守ること」は、生涯を通して親の子どもに対するいちばんの役目です。

「親」という字の成り立ちは「木の上に立って見る」と書きますが、長い間、子どもの精神医学の臨床に関わってきて本当にその通りだと思います。「親業」とは、子どもに親がしっかり見守っているということを実感させることに尽きます。

たとえば子どもになにかできるようになってほしいことがあったなら、親は傍らにいて「早く、早く」と口うるさくあれこれ言うのではなく、子どもができるようになるまで手伝うぐらいの気持ちで待ってやる。それが最終的には子どもの自立につながるのです。

先に紹介した、乳幼児精神医のロバート・エムディの研究は、親が子どもを見守る重要性を言い当てています。

赤ちゃんがはいはいからつかまり立ちをして歩き出す期間に「見守られている」ことが犯罪の抑止力となる、という彼の理論は今から二十数年以上も前に発表されたものですが、その後、多くの研究者が彼の研究を裏付ける成果を発表しています。

ハンガリーの心理学者、マーガレット・S・マーラー（1897〜1985）は、乳幼児の生後9カ月から25カ月の時期に注目し、入念な観察を繰り返すことで、この時期の母親、もしくは母親代わりになる人との十分な共生と依存関係が、その後の母子分離や子どもの自立に不可欠な大きな意味を持つことを明らかにしました。

この時期に親から見守られていなかった子どもは、自分は見捨てられるかもしれないという不安な感情を心の奥底につくってしまい、それが成長していくプロセスのなかで、抑うつ的な感情＝「見捨てられ抑うつ」を芽生えさせてしまうことを発見したのです。

さらに、思春期と青年期の専門家であるアメリカの心理学者、ジェームス・Ｆ・マスターソン（１９２６〜２０１０）はマーラーの指摘した「見捨てられ抑うつ」の感情と、「境界性人格障害」には相関関係があると発表しています。

「境界性人格障害」とは、思春期や青年期、成人期に多く生じる障害で、感情が不安定で薬物やアルコールなどの依存症に陥ったり、自傷行為や自殺などを衝動的に繰り返したりする症状を伴います。マスターソンは、この障害を引き起こす根幹には乳幼児期の見守りの欠如があるとしたのです。

これらの研究結果は、どれも乳幼児期の子どもに「見守られている」という安心感を繰り返し持たせることが、いかに重要なのかを示唆しています。

では、親に見守られることから子どもに培われるものとは、なんなのでしょう。

それは「人を信じる力」です。人を信じられることと自分を信じられることは表裏一体の関係です。自分を信じる力は人を信じることによって育つ感情なのです。自分に自信がない人というのは、信じられる人がほとんどいないものです。

精神医学の世界では、これを「基本的信頼感」と呼んでいます。先に紹介した発達心理学者のエリク・H・エリクソンが提唱した、人間が発達していくうえで不可欠な、そしてもっとも最初に人間が身につけるべき感性です。彼はこれを獲得することで人は希望を持ち、人生を幸せにおくることができると述べています。基本的信頼感が備わっている人は、自分に対して揺るぎない自信があるため、人生で多少の困難に遭遇しても、それを乗り越えていくことができるからです。

たとえば、学校で運動が得意な子が選ばれて競技会に出場したとしましょう。競技会には、精鋭たちが集まっています。自分より能力が高い子がたくさんいて、その子は思ったように成績が残せませんでした。

しかし、基本的信頼感がその子に育まれていれば、挫折感を味わい多少傷つくかもしれませんが、劣等感にさいなまれることはありません。自分を信じる力が育っているため、自身の感情や創造性をうまくコントロールして、苦しい現実を乗り越えることができるからです。

それに対して、基本的信頼感が育っておらず、それまで運動が得意といった根拠のある自信だけしか持たずに生きてきた子

どもというのは、自分より能力が高い人間と出会ったとき、劣等感しか抱くことができません。しかも、無意識に自分より能力が劣る人を探し出し、優越感に浸ろうとさえするのです。そうして劣等感と優越感の間を行き来しているうちに、やがて誰とも親密に交われなくなってしまうのです。

引きこもりや不登校になる子どもは、このタイプが実はとても多いのです。秋葉原で無差別大量殺人を犯した青年は、その極端な例といえます。彼は幼少期から母親に勉強ができることを求められて生きてきました。中学校時代までは優等生だったのですが、それが高校生になったとき、彼より勉強ができる同級生と遭遇し、劣等感に苦しんで、やがてはすべてを放棄するようになってしまいました。人に対して信頼感を抱くことができない彼は、その結果、社会から孤立して、犯罪を引き起こしてしまったのです。

幼少期における基本的信頼感の獲得は、いわば人生を幸福に生きていくための最初の基盤です。そして、同時にそれは人間関係を築き、社会のなかで健康に生きていくための力となるのです。

親子で喜びを分かち合う体験は、子どもにとって何よりの安らぎ、親にとっては大きな癒やしです

だからこそ親は、子どものあるがままの姿を受け入れて大切に見守ってほしいと思います。

親が子どものことを「ありのままでいい」と思っていれば、子どもも「いまのままのお父さん、お母さんでいい」と思っているものです。ですから、子どもを見守ることは、親自身もわが子に励まされ、生かされていることになります。

もし、あなたが子育てに不安を持っているなら、まずは子どもを見守って、たっぷり甘えさせてください。そして、それを親の喜びにしてほしいと思います。

親子で喜びを分かち合う経験を重ねていくことで、はじめて他者と悲しみを分かち合う感情が育ちます。人と共感しあえる感情もそこから育っていくのです。

フランスの発達心理学者、アンリ・ワロン（1879〜1962）の研究によれば、「人と喜びを分かち合う力というものは、ほとんどの子どもが、最初は母親から与えられている」そうです。

子どもが喜ぶ姿をみて、母親も同時に喜びを感じる。母親というものは、本来そういうものではないでしょうか。

日本では今、うつ病と不安症が蔓延していますが、それは幼少期において「親から見守られていない」という実感があり、それと同時に「見守られたい」という欲望を引きずっているからではないかと私は思います。

子育てで重要なことは、実はとても単純なことです。「子どもを見守って、子どもとともに喜び合い、悲しみをいっしょに体験する」。このことに尽きます。

いま、私は老年期に入り、3人の息子たちは皆30歳代の働き盛りになっていますが、この年になってさえ親に見守られているということが、息子たちにとっても大きな安らぎになっていることをしばしば感じます。

そして、それは振り返れば私自身も同じだと実感しています。40代のころ、ときおり母がかけてくれた、私のことを認めたり、ほめてくれたりした言葉というのは、私にとってなによりの喜びであり、安らぎでした。

第2章

離婚と死別
子どもとの向き合い方

子どもに離婚を伝えるときは、相手に抱く負の感情は伝えてはいけません

いざ、離婚を決めたとして、まず親が悩むのが、どのように離婚のことを伝えたらいいのかということです。

その伝え方は子どもの年齢によってさまざまだと思いますが、いちばん大事なことは、一方の親がもう一方の親のことを憎んでいるとか、軽蔑しているといったイメージを抱かせるような言い方をしないことです。

「相手を憎んでいるから」とか、「嫌っているから」というような表現は使わず、「お母さんとお父さんは違う考えと生き方だった。だから、別々に生活するほうがいいと思ったので離婚をするんだよ」と、事実をありのままに子どもの年齢や性格、

能力に合わせて変化させ、伝えることが大事です。

DVなど明確な理由がある場合は、ものごころがついていれば、子どももそれまでの生活のなかで、離婚をする理由をきちんと感じています。

けれども、言葉にするときは、あえて「暴力をふるうからだ」と言う必要はありません。

「考え方が違うようになったんだ」と、言えばいいのです。どんな父親や母親であっても、子どもにとってはかけがえのない存在で、世界のなかで大好きな人間のひとりです。大好きな親が、大好きなもうひとりの親について憎しみを込めて語るというのは、子どものこころを傷つけます。

離婚をすることを子どもに告げるのは、子どもを引き取ると決めた親が伝えるのがいいでしょう。

いっしょに暮らすことになった理由については、たとえば「お母さんがあなたにいてほしかったから、いっしょにいてもらうことに決めました」というふうに、引き取る親としての気持ちを素直に語ればいいと思います。

あえて言わなくても、父親がさほど引き取りたくなかったということが自然に伝わります。

そのうえで、父親にもこれから先、会うことができるのだということを忘れずに伝えましょう。

離婚の理由がどんなものであっても、子どもが幼い場合は、別れた親に会えるのだということを、折にふれて伝え続けることが大切です。

諸々の事情で別れた親としばらく会えなくても、いつの日か、やがて会えるということがわかれば、子どものこころが安定します。

このように日ごろから父親に会えることを伝えていても、子どもというのは幼児でも、大好きな母親の気持ちを敏感に察知して思いやり、「会いたくない」とか「いまは会わなくていい」と言うことが多いのです。

だからこそ、〝いつでも会える〟というメッセージを、ある一定の年齢になるまで与え続けることが必要なのです。

離婚の理由は取り繕わず、事実をありのままに話すことが大切です

子どもは年齢にもよりますが、両親がなぜ離婚をしたのかを実はかなりきちんと理解しています。なぜなら、日々の生活のなかで、子どもはいろいろなものを感じているからです。

だから、「なぜ離婚をするのか」「なぜ離婚をしたのか」と子どもに問われたら、その理由を取り繕って言う必要はありません。離婚した理由や気持ちを、自分の言葉で、穏やかに静かに子どもに伝えればいいと思います。

ただし、最初に述べたように、相手に対する自分の嫌悪感は子どもに伝えないよう気をつけましょう。

離婚を子どもに告げることに限らず、こうした素直で自然な会話を日々の生活の中で、親子でしていくことは大事です。

マイケル・ジーレンジガーという国際ジャーナリストが、著書『ひきこもりの国』で、「日本の家族は本音の会話が少ない」と述べています。彼は「日本の子どもは親の顔色を見ながら生活をしている」と指摘しているのです。

こういった日本の風潮は、ある種、「目と目で会話する」といった言葉が存在する、日本人ならではの文化のような部分があり、親子間の会話だけに留まらない気もします。

しかし、子育てをする際には、離婚家庭に限らず、親子間である程度、本音の会話ができるような関係づくりをしておくことが大事です。

それは、そういった時間を無理やり作るということではありません。

「今日はこんな人と遊んで楽しかった」とか、「今夜はハンバーグが食べたいな」とか、「あの人とはこんなことがあったので嫌いだよ」というように、会話の内容は、日々の生活のなかで体験したり、感じたりしたことなら、どんなことでもいいのです。

子どもが自分のことを親や家族に自由に話す習慣を、つけておけばいいのです。

子どもの気持ちや要求を聞いたからといって、そのすべてに応えてあげなくてもかまいません。

子どもから言われても、できない要求は「できない」と言えばいいのです。子どもの主張に共感できない場合は「ああそうなの」と言って聞いてあげるだけでかまいません。

気をつけたいのは、子どもの言葉を否定して、自尊心が傷つくような返答をしてしまうことです。

「そんなことを言ったらお母さんは悲しいわ」とか、「そんなことができるわけないでしょ」というような言葉は、子どものこころを傷つけます。

子どもに言いたいことをなんでも言わせてあげて、それを聞いてあげる——こういった家庭環境をつくることで、子どものこころが安定し、子ども自身の問題が解決することもたくさんあります。

そして、そうしたことを親子間で繰り返していくことが、や

がて子どもの自信につながっていくのです。

私の臨床体験から言えることですが、親子間でこうした関係づくりがうまくいっていない場合、子どもが引きこもりやニートになるケースを数多く見かけます。

引きこもりやニートになる青年たちは、一般に外の世界より家庭のほうが快適だから、家の中にいると思われがちですが、実はその反対で、親子間や家族間のコミュニケーションがほとんどなく、無味乾燥とした家庭で過ごしてきたケースが多いのです。

そして、そういった青年たちにもうひとつ共通しているのが、その親が子どもをほかの子どもと比較する傾向がある点です。

たとえば、「○○ちゃんはできるのに、あなたはなぜできないの」とか、「○○ちゃんはあなたと違っていい子ね」というふうに、子どもに親の期待ばかり話していることが多いのです。

こうした比較がもっとも子どもの自尊心を傷つけ、自信を喪失させることになります。

子どもは家庭の中で親に受け入れてもらい、コミュニケーションをすることで愛されていると実感し、自分の存在に自信を持ちます。

前章で、幼少期にこの「基本的信頼感」が育つことが人間関係を築く力になると述べましたが、人間は基本的信頼感が育つことで、他者への信頼と思いやりがわくようになります。

すると、家庭の外へ出ていく力が身につき、家族以外の人間と交流し、外の世界へ飛び出して積極的に生きていくことができるようになるのです。

両親がそろっていても、こうした親子間の関係づくりができていない場合は、子どもがいびつに育ってしまうケースが多数存在しています。

子どもにとって親は初めての社会への窓口です。生まれて初めて触れ合う他者となる親と信頼関係が築けなかった子どもは、周囲の人たちを信じることができず、困難を乗り越えて生き抜くことができずに、非行や犯罪といった反社会的行為を繰り返したり、引きこもりやニートになるなどの非社会的な行為をしてしまうのです。

別れた親との面会は、幼児であっても その子の意思を尊重しましょう

離婚をする際に別れた親との面会を決めた場合は、定期的に離れて暮らす親と面会しなければなりませんが、もし、お子さんがそれを嫌がる場合は、幼児であっても、子どもの気持ちを

最優先にすべきだと私は思います。

もし、いっしょに暮らしている人がお母さんなら、「お父さんは会いたがっているよ」という事実だけを伝え、会うかどうかの判断は子どもに決めさせるようにしましょう。

子どもに意見を聞かれたら親の思いを述べればいいでしょう。意見を求められてもいないのに、「会ったほうがいいよ」といった自分の意見を言うことは控えたほうがいいと思います。

「会いたくない」と子どもが言ったとき、それが本心なのか、親の気持ちを思っての発言なのか、判断するのはとても難しいものです。

なぜなら、子どもというのは自分自身より、その場にいる親の気持ちを思いやっているからです。

それは、いっしょに暮らす親が「会ってほしくない」とか「会うのは嫌だ」と自分の気持ちを言葉で伝えているかどうかは問題ではありません。子どもはそうした親の感情を感じ取ることにとても敏感です。

だから、子どもが会いたくないと言ったなら、「それじゃあ仕方ないね。会いたくなったらいつでも言いなさい」とだけ言ってあげればいいと思います。そこであえて「なぜなの？」と聞いて、子どもの気持ちを深追いしないようにしましょう。

子どもには会いたくない理由がきちんとありますが、それを説明するには、幼児や小学生であれば、心身ともに大変な労力が必要で、ストレスとなります。

親の離婚後、しばらく経ってこころの整理がつき、ある程度成長すれば、子どもは「会いたい」という別れた父親の気持ちを理解して、余裕を持って対応することができるようになるでしょう。

父親と母親は離婚して縁が切れても、親子の関係はつながっています。

たとえ、かなりの期間会わなくても、親子の絆を築くことはある程度可能です。心配して無理やり会わそうとしなくても大丈夫です。

別れて暮らす親に子どもが会いたがらないという問題のほかに、父親と子どもを面会させているお母さん方からよく相談されるのは、父親と会ったあとに子どもが駄々をこねて困るというものです。

離婚してしばらく会わなかった父親というのは、子どもに優しく接することができます。それは、毎日いっしょに暮らしている母親の子どもに対する思いとは違うわけで、子どもへの接し方やサービスも母親とは違います。それは仕方ないことです。

また子どももそうした父親の態度というのはうれしくて、「あんなにいいパパとどうして別れたの」と、ときには疑問を持つこともあるでしょう。

とはいえ、それはいっときのもの。子どもも少し経てば離婚の経緯を思い出し、母親のことも父親のことも理解するようになるはずです。

もし、駄々をこねたなら、「ああ、この子は葛藤しているんだな」と思い、しばらくの間、我慢して見守ってください。

離婚の先進国、アメリカでは別れた子どもが親と会うシステムがきちんと構築されていて、離婚した父親がほかの女性と再婚しても、別れた子どもが父親が築いた新しい家庭へ定期的に行って過ごし、一見自由にふるまっているように見えます。

ましてや離婚後、子どもが離れて暮らす親と会うことは、日常的な行為となっています。

しかし、そうしたことができるのは、家族みんなが自立している半面で、ある特有の、よそよそしい関係が家族間で成立しているからだと思います。

家庭の雰囲気や事情にもよりますが、別れた親との面接に関しては、基本は子どもの気持ちや言葉にこころから耳を傾け、読み解いてあげるということにつきます。

離れて暮らすことになった親と子どもが会うかどうかは、親が決めることではありません。子どもの思うままに決めればいいと思います。

ただ、そうするためには、最初に述べたようにふだんからの親子関係が重要です。

別れた親との面会についてお子さんに「どうしたい？」と尋ねたとき、子どもが素直に自分の気持ちを言える親子関係を築いておくことが大切なのです。

子どもには、
離婚による環境の変化や
つらい状況を跳ね返す力があります。

子どもを引き取った親にすれば、離婚が子どもにどんな影響を与えるかは気になるところでしょう。

子どもは、離婚に至るまでの両親のいさかいや、ろくに口を利かなくなっている姿などを見て、さまざまなことを感じています。ときには父親に暴力をふるわれている母親の姿を見ている場合もあるでしょう。

そんな両親の姿を傍らで見ていれば、子どもも自分の置かれた状況をつらく感じているはずです。

ただし、つらくてもその感じ方はさまざまです。

たとえば、母親に暴力をふるう父親と別れて、母親といっしょに暮らすような場合。要するに、父親のほうが明らかに悪くて離婚した場合は、子どもも解放されてほっとしていることも多いのです。

ところが、そんな場合でも、幼稚園や学校での授業参観や運動会へ両親がそろって来ている、仲のいいお友だちの家庭の様子を見ると、離婚してほっとしているにもかかわらず、なんともいえない寂しさを感じてしまうときがあります。

「ああ、お父さんがいたらよかったな」と思うわけです。

そうしたとき、いっしょに暮らしている親に一種のないものねだりや、無理難題を言って困らせることがあります。

離婚した家庭の子どもというのは、一般的な傾向として、こうした行動パターンをすることが多いように思います。

しかし、だからといって、いっしょに暮らしている親に対して憎しみや欲求不満を抱く子どもは、私の知る限りいません。

子どもというのは親思いなのです。

両親から虐待を受けている子どもでさえ、決して親のことを悪く言いません。

周囲からの通報などがあり、家庭相談所の相談員が虐待されている疑惑のある子どもと面談して、その実態を聞いても、子どもは親のことを思いやり、親のしたひどいことを言いません。だから相談員がその言葉にだまされてしまい、事件に至ってしまうケースが多数あるわけです。

子どもは、こころの奥底ではいっしょに暮らしている親のことを大事に思っていても、離婚直後には前述したような理由から、場合によってはわがままになってしまう場合もあります。

しかし、そうした行為を繰り返しながら、子どもは少しずつ自分を納得させていきます。そして、やがて自分の置かれた状況を日常的なものとして受け入れていき、ふつうの生活を営むことができるようになります。

少なくとも私の臨床体験のなかでは、両親の離婚を引きずるような子どもには、これまで出会ってきませんでした。おとなが思っているほど、離婚は子どもには深い傷になっていません。

子どもに限らず人間には、体だけでなくこころにも回復力があり、自分が置かれた現実を受け入れることができます。しかも、子どもはおとなよりたくましく柔軟で、現実に順応していく力は強力です。

だから、離婚が子どもに与える影響というのは、もちろんゼロではないし、つらいことですが、さほど心配しなくてもいいと思います。

むしろ、重要なのは離婚してからの対応です。

こう言うと「何をしたらいいのだろう」と構えてしまうかもしれませんが、そんなに特別な対応をする必要はまったくありません。たとえば、誕生日のプレゼントをこれまでより豪華にするといった、物理的な配慮は不要です。

大切なのは、日常生活を親子で自然に、淡々と営むことです。そうしたふつうの生活を送ることで、離婚後、たとえ子どもが離婚以前とは違う様子であったとしても、やがて子どものこころが落ち着いて、穏やかな暮らしをすることができるようになります。

親の意志や都合で離婚しただけに、子どもの気持ちを思いやり、心配する、親の気持ちはとてもよくわかります。

しかし、重要なのは離婚を選択した親が、そうした自分の生き方に自信を持ち、子どもの前でそれをしっかりと示すことができるかどうかです。

「これでよかったんだ」と親が思い、子どもといっしょに前向きに生きていくことが、子どもへのなによりのメッセージであり、重要な要素ではないかと私は思います。

大切なのは、毎日の食事に気を配ること。子どもが家庭の居心地のよさを感じる大きな要素です

そうはいっても、子どもが駄々をこねるのがあまりにもひどかったり、たびたび腹痛を訴えるといったことが続いた場合は心配になるでしょう。そんなときには、子どもにとっての家庭での居心地に気を配ってあげてください。

子どもがそんなふうになってしまうのは、それまで置かれていた家庭での居心地の悪さが原因となっている場合が多いのです。離婚するまで親を悲しませないよう子どもなりに精いっぱいがんばっていたのが、離婚して片方の親と暮らすようになったとき、それまでかろうじて張りつめていたこころの糸が切れてしまい、表面に現れてしまったのです。

その場合、いちばんいい対処方法は、家庭での食事に気を配ることです。といっても、それは贅沢な食事をするということではありません。

子どもというのは親に無理なものを決して要求しませんし、どちらかというと質素なものを好みます。

たとえば、「あなたはこれが好きでしょう」と言って、子どもの好物を出してあげてください。

できれば市販のものではなく、手作りのものがいいでしょう。あえて料理に手間をかける必要はありません。サンドウィッチでも、スクランブルエッグでも、子どもが好きなものならなんでもいいのです。

大事なのは、「あなたが好きだから出してみたのよ」という

親の気持ちが伝わることです。

　すると、その食事を喜んで食べている子どもの姿を見て、親もうれしく思い、子どもも親がしてくれたことを居心地のいいものとして感じます。食事の時間を楽しくすることは、親にとっても子どもにとっても、いい結果を生むのです。

　子どもは、親が苦しくなることやつらくなることをしたいとは思っていません。さらに言えば、いっしょにいる親を喜ばせたいのです。親と喜びを分かち合うことは、子どもにとって幸せな出来事となり、同時に家庭がとても居心地のいいものに感じるようになります。

　こうした食事への気配りを習慣化するために、毎日の朝ごはんで子どもの希望を聞いてあげるのもいいでしょう。

　たとえばジュースを3種類ぐらい用意しておいて、「今日はなんのジュースが飲みたいか」聞いてみる。「卵はどのようにして食べたいか」聞いてみる。スクランブルエッグにしたいのか、目玉焼きにしたいのか、それともオムレツで食べたいのか聞いて、子どもが望んだものを作ってあげてください。

家庭のなかで自分が希望したことが叶えられる。こうしたことが積み重なることで、子どもの気持ちはやわらいで、少しずつ解放されていき、家庭を居心地のいいものに感じます。すると、自然にこころも体も安定し、親だけでなく友だちや社会と前向きにつきあっていけるようになるのです。

人間というのはふしぎなもので、安心して信頼できる場所を持つことで、自分にとって未知の社会へ飛び出していくことができるようになります。

家庭というのは、子どもにとっては生きていくうえで、そのもっとも根幹となる場所で、家庭がこころのよりどころとなってこそ、子どもは自分に自信を持ち、安心して社会生活を営めるようになるのです。

世界のなかで日本は、現在、引きこもりや不登校が極端に多く、それにはさまざまな要因がありますが、その大きな原因としては、家庭の居心地が悪くなってしまったからではないかと私は思っています。

子どものプライドや自尊心を守れる親になれば、子どもは非行に走りません

離婚をしたひとり親からもうひとつ、よく相談されるのが、子どもが非行や犯罪に走らないかということです。

この心配はありがちですが、子どもが親に対して安心感や信頼感を抱き、家庭がくつろぎの場となっていれば、まずそういっ

た行動は起こさないものです。

私はこれまでたくさんの非行した少年少女との面談をしてきましたが、そういった子どもに自由に話をしてもらうと意外とよくしゃべります。そして、そのおしゃべりの内容というのは、ほぼ決まっています。

それは、9割以上が家族や家庭のことなのです。彼らの言い方はさまざまですが、皆一様に、「自分のプライドが親によって傷つけられた」と言うのです。

「ぼくのプライドや自尊心が親のプライドとぶつかることがあるでしょう。そうすると、ぼくの親は、世間体を気にして親のメンツを押しつけてくるんだ」

「親のプライドを守るために、私の親は絶対に自分の考えを絶対に曲げないの」

どの子もこのように、言うのです。

本来、親の愛情というのは、子どものプライドや自尊心を守ってやるために、自分のプライドをどのように捨てるかということが大事で、それさえきちんと対処していれば、子どもは決して非行などには走りません。

反社会的な非行や犯罪と、非社会的な引きこもりの問題は、一見異なったもののように見えます。しかし、その問題の根底にあるものは、子どもと家庭との関係がぎくしゃくして、家庭が居心地のいいものになっていない点が共通しています。

そして、親が子どもをまるで自分の所有物として育てているケースを多く見かけるのです。

こうしたことは、子どもにとっては人格を否定されているのといっしょで、我慢できない行為です。

離婚をした親がすべきこととは、子どもに物理的な負い目を持つことではなく、子どもの気持ちを思いやり、こころをかけることです。

そのことさえ忘れなければ、離婚家庭の子どもが非行や犯罪に走ることは、まず心配ないと思います。

低学年までの子どもには、「死」が不幸で悲しいものと伝わらないようにすることが大切です

これまでは、離婚によるひとり親の子育てについて述べてきましたが、ここでは事故や病気で突然親が亡くなってしまう死別の場合の子育てについてお話ししたいと思います。

親が亡くなってしまった場合、まずしなければならないことが「死」という事実を伝えることです。

発達途上にある幼い子どもは、人間や生物の存在そのものが

消失するという、「死」という概念を言葉だけで理解することはまだできません。

そのため、家族の死を伝えるときには「かわいがっていたペットの犬や猫が死んだときのこと」や、「大切に飼育していた昆虫が死んだときのこと」、あるいは「散歩の途中に道端で死んでいた虫のこと」など、子どもにとって身近にある生物の具体的な死の姿を挙げながら、なるべくいろいろな例を伝えることが必要です。

そうすることで、死というものを完全に理解できなくても、感覚的に、よりリアルに感じ取ることができるのです。

もし、お子さんがまだほんとうに小さいなら、事実を話す必要はありません。

たとえば、夜空の星を見ながら、「お父さんはあの大きな星になったんだよ」「去年亡くなったペットのシロは、あの小さな星になったのかもね」とか、「お母さんは大好きなお花がたくさん咲いている天国へ行ったんだよ」というふうに、おとぎ話のように家族の死を伝えてもいいと思います。

こうした話を繰り返し伝えていくうちに、クリスマスにプレゼントを持ってきてくれるサンタクロースを信じている子どもが、やがて成長とともに自然に現実を知るように、家族の死も成長とともに子どもは理解していきます。そして、そのときそれまで周囲のおとなたちがついていた善意のウソに対して、子どもは決して恨んだり、腹を立てたりしません。

月日とともに本来の死の意味がわかり、かつて教えてもらったことが事実ではないと判明しても、善意の家族やおとなたちとのやりとりは、子どもにとって、むしろいい思い出となって残るのです。

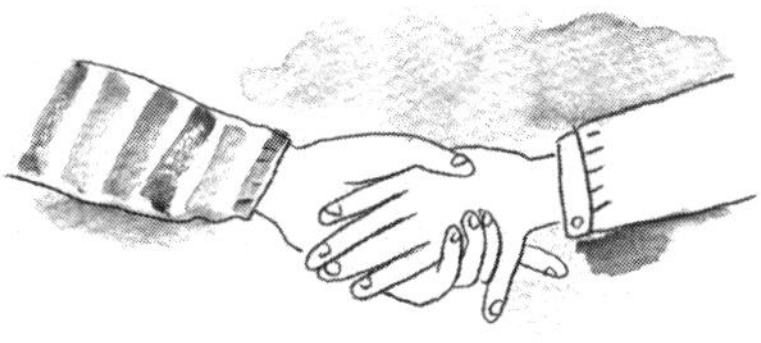

「死」を伝える方法は、家族ごとにさまざまでいいと思います。その子の発達段階や個性、性格によって臨機応変に伝えればいいのです。

たとえば、「お母さんは天国にいるよ」と言ったなら、言葉だけでなく、その天国のイメージを絵に描いて子どもに伝えてみるのもいいでしょう。共に生きる親と子どもが、いっしょに天国の絵を描き合えば、子どもの気持ちも絵に表すことができ、家族が亡くなったという現実を受け入れるためのふんぎりにすることもできます。

〝子どもといっしょに絵を描く〟というこの作業は、実際にアメリカのノースカロライナ州の教育センターで、母親が亡くなった自閉症児にセラピストが行っている療法です。自閉症児は言葉より、視覚的に物事を理解するため、こうした療法が行われています。

三十年近く前、アメリカを訪問中、私はこの作業をしているところをたまたま目にしたのですが、セラピストはその子どもに花が咲きこぼれた天国と神さまの絵を描いて見せながら「お母さんはこんなにきれいな場所に行ったから、いま幸せに暮らしているんだよ。だから悲しくないんだよ」と言って、母親の死を伝えていました。

私は健常児に対しても、これは有効な死の伝え方であり、ある種子どものこころを癒やす方法であると考えています。

私自身もかつて、子どもたちがとてもかわいがってもらっていたおじいちゃんが死んだとき、次のような言葉で子どもたちにその死を伝えました。

「おじいちゃんは病気がなくなって、今は苦しくないんだよ。おまえたちをあんなにかわいがってくれていいことをしていただろう。だからとってもすてきな場所へ行っているんだよ」と言ったのです。

この言葉を聞いた子どもたちは、それである程度、おじいちゃんの死について納得したようでした。

愛する者を失ってひとり残されても、人間というのはよくしたもので、死んだ人がつらくなく楽しく過ごしていると思えれば、自分もつらくなく、悲しくないように思えるのです。

小さな子どもに愛する者の「死」を伝えるときには、その「死」が不幸で悲しいものであるように伝えないことを頭に留めておいてください。

愛する人を失った悲しみを乗り越えるには、「人から愛されている」という実感が必要です

事故であれ病気であれ、家族を突然失った悲しみは、言葉にできない衝撃だと思います。

一般に、愛する人を失った人がその死を受け入れ、再生するには次のような段階をたどるといわれています。

残された人は、まず最初に死という事実にショックを受け、その事実を否定しようとさえ思います。そして、そうした状況に置かれた自分の立場に怒りを覚える一方で、その状況を改善できないだろうかと葛藤するのです。しかし、しばらくしてどんなに思い悩んでも現実が変わらないことがわかると、愛する人の死を受け入れざるを得ない気持ちになって抑うつ状態にな

り、社会から孤立して引きこもるようにもなるのです。

そうした状況も、しかし、時間が経つにつれて周囲の人との交流などで徐々に癒やされていき、やがて再生していきます。

こうした死の受け入れ方は、おとなであっても子どもであっても同じです。

愛する人を失った人が悲しみを乗り越えるには、その人にとっての「癒やし」が不可欠です。

そして、それは「自分のことを大切に思っていてくれる人が周囲にいる」と実感することです。

人間は社会的な動物で、生きている限り、「自分は人から愛されているのだ」と思えることが、だれにとっても大きな癒やしとなり、生きる力につながるからです。

私は過去、ずいぶん長い間、児童養護施設の子どもたちのカウンセリングをしていたのですが、その経験を通して、このことを何度も繰り返し思い知らされました。

お父さんやお母さんを失った子どもたちは、自分のことを大切に思い、愛してくれている人がいるということを実感すると、徐々に希望が湧いてきて、新たな人生を前向きに生きていくことができるようになります。

反対に、当事者の子どもがいくらがんばって再生しようと思っていても、周囲にいる人たちからの励ましや寄り添いがない場合は、前向きに人生を考え、新しい第一歩を踏み出すことがなかなかできないのです。

未成熟で言葉がまだあまり話せない幼児なら、ダッコをしてあげたり、添い寝をしたり、そのときどきの気持ちを聞いてあげればよいでしょう。子どもに寄り添い、愛しているということを言葉だけでなく行動で示してあげてください。

すると、徐々に子どもの気持ちが安定し、元気になっていくと思います。

しかし、そんなふうに子どもに手をかけてあげるには、残されたひとり親にとっても癒やしとなる人の存在が必要です。友人や、親戚、またカウンセラーなど、あなたが信頼して、自分の気持ちをある程度、素直に話せる人と交流することで、あなた自身のこころに余裕が生まれ、子どもに無理なく癒しを与えることができるようになるのです。

もし、そうした信頼できる人物が周囲にいない場合は、努力をして、人とそうした関係性をつくりましょう。

たとえば、興味のある趣味や活動に新しく取り組んでみるのは、ひとつの方法です。

パソコン教室や料理学校、ボランティア活動など、あなた自身がしてみたいことであればなんでもかまいません。

そうした教室や活動に参加して、そこで出会った人たちと交

わる時間を持ってみてください。
自分が好きな趣味でもひとりでしていると、つらいことを思い出してしまいがちですが、共通の趣味を持つ人たちと、ふれあいながら過ごす時間のなかでは、自然に会話が生まれ、趣味だけにとどまらない、新しい人間関係をつくっていくことがある程度可能です。
そのうえで、できればその新しい世界で、自分なりに無理のない目標を持ってみてください。目標を持つことで、失った家族への気持ちをそらすのではなく、新しい人生を踏み出そうという気持ちを、少しずつですが持てるようになります。
人間にとって目標を持ち生きることは、とても大事なこと。「生きる力」につながります。

悲しみを話す場を持ちましょう。気持ちを素直に出すことは、大きな癒やしへの第一歩です

人と交わりを持ち、人生になんらかの目標を持つ努力をする一方で、亡くなった家族のことを残された家族の間で、きちんと話し合っていくのも再生するための癒やしとなります。

新しい人生を生きるために、故人への想いを断ち切る必要はありません。また、自分のなかだけに故人への想いをため込んでおく必要もありません。

折にふれ、月に2回とか、1週間に1度でもかまいません。亡くなった家族について語る機会を持つことは、自分だけでなく、相手にとっても、癒やしやなぐさめになります。

そうして故人への想いを語っていくうちに、悲しみや苦しい気持ちが徐々に昇華され、決して忘れることはない〝思い出〟となっていくのです。

立場が少し違うかもしれませんが、東日本大震災の後、避難所から仮設住宅へ移ってから、脱力感がわいてきて、生きることへの不安を訴える人が多かったと耳にしました。

それは、人とのつながりがなくなるからです。

芸能人やボランティアの人たちが慰問に来て、コンサートやイベントに参加したときに、こころが癒やされるのは、その場で聴いた歌やメッセージを多くの人と共有し、同じ思いを抱くことができるからです。

その場にいる人たちとお互いに気持ちを伝え合い、確認するのが疲れたこころにいい影響をもたらすのです。

それは、同じチームをいっしょに応援したサッカーのサポーターたちが試合の観戦後、意気投合するのとある意味いっしょ

です。その日、初めて知り合った者同士であっても、観戦後、まるで旧知の仲のような会話ができるのは、応援したチームが勝っても負けても、試合を観て応援していたときの気持ちを共有できるからです。

時間はこころの友です。あせらず、ゆっくりこうした時を過ごしていくことで、少しずつですが、こころを許せる家族や友人といっしょに気持ちを立て直していくことができるようになると思います。

子どもと接する時間は「量」より「質」。
密度の濃い時間を過ごせば、
子どもを預けて働いても大丈夫です

それまで専業主婦だったお母さんがひとり親となり、働かなければならなくなったとき、まず心配になるのが、働くことで子どもと接する時間が少なくなってしまい、子どもが不安を抱くのではないかという点でしょう。子どもが小さければ小さいほど心配の度合いは大きいものだと思います。

子どもといっしょに過ごす時間は「量」より「質」が大切です。子どもと向き合っているときに、子どもの望む親でいることをこころがけることで、子どものこころは安定し、健やかに生活することができます。

それまでずっとお母さんといっしょに生活していた乳幼児の場合は、保育所に預けられると、最初は朝の登園時に泣いたり、駄々をこねたりして戸惑うことも多いでしょう。

しかし、それは新入園の子どものだれもが多かれ少なかれ通る道です。その子の性格や個性によって程度の差はありますが、しばらくして、お母さんが必ず迎えに来てくれることがわかり、保育所の先生やお友だちに溶け込んでいくにしたがって、親離れができるようになります。

　別れ際の子どもの泣き叫ぶ姿を見て、心を傷めるお母さんが多いですが、園の先生方を信じて、子どもをきっぱり預ける覚悟で、登園時は明るく子どもを送り出しましょう。いつまでもお母さんが心配していると、その不安定な気持ちが子どもにも伝わって、園生活に慣れるのがかえって遅くなる場合もあります。

　園に子どもを預けることを心配するより、大切なのは家庭での親子の時間をどう過ごすのか心を配ることです。

　働いていないときに比べて、子どもといっしょにいる時間は確実に少なくなりますが、工夫次第で密度の濃い時間を過ごすことができます。それぞれの家庭の事情に合った、親子の時間の過ごし方を考えてみてください。

　私がこれまで出会った働くお母さん方は、皆、さまざまな工夫をしていました。

たとえば、あるお母さんは食事の後片付けは子どもが寝てからにして、起きているときは子どもとゲームをしたり本を読んだりして、いつでもできることは後回しにすることを生活の基本にしていました。また、あるお母さんは子どもの食べたいものを聞いてから夕食を作るようにして、食事を作る際に野菜の皮をむいてもらったり、テーブルに食器を並べてもらったりして、いっしょに食事作りをしていました。

重要なのは、働いていることを理由に、幼い子どもに言い訳をしないことです。

「お母さんは昼間、仕事をしていて忙しいから、あなたの望んでいるようなことはしてやれない」「お母さんが仕事でくたびれていることをわかってちょうだい」という態度が子どもに伝わり過ぎないようにすることが肝心です。

ときには仕事の疲労からついイライラしがちになり、子どもの希望を無視したり、叱ったりしてしまい、後悔することもあるでしょう。

それに気づいたときには子どもに素直に謝ればいいのです。「子どもの望む親でありたい」と思い、それをできる限り実践しましょう。この基本的姿勢を保っていれば、子育ては大丈夫。お母さんのがんばっている背中を見て、子どもはむしろ多くのことを学ぶと思います。

かつて働くお母さんに育てられ、いま自分も働く母親である女性を私は何人も知っていますが、そういう人の多くは、母親が働いていることで「ひどく悲しい思いやつらい思いをした記憶はない」と言い、むしろそんなお母さんを「尊敬していた」と答えています。

とはいえ、お母さんが仕事をする「社会」で疲れて家へ帰っ

てくるように、幼い子どもも保育園という「社会」で気をはって疲れて帰ってきます。

このことを忘れずに、たとえわずかな時間でもかまいません。いっしょにいるときは、できるだけ子どもの望むことを満たしてあげてください。

お母さんの仕事のストレスが、子どもと接することで癒される。そんな時間が持てたなら、親にとっても子どもにとっても最高のふれあいになると思いますし、それがいちばん大切なことだと思います。

第3章

子どもを幸せにする親としての生き方

親子関係以外でも相互依存のできる人間関係をつくりましょう。幸せな人生に必要なことです

ひとりで子育てをしていても、長い人生のなかでは好きな人ができたり、人生をパートナーとともに歩みたいと思うことがあるでしょう。

ステップファミリーとして幸せに暮らすケースも多数見かけますが、離婚を経験した場合は、一度結婚に失敗しているために自信がなく、パートナーとの新たな生活になかなか踏み出せない人も多いようです。

たとえば、相手のことを最初にとても気づかってしまったことで、いつまでたっても素の自分を出せない人がいます。

これは、相手を信じる力が弱いため、本来の自分というもの

を隠して、無意識のうちに過度に我慢してしまうのが原因です。その結果、交際していくうちに無理が生じてしまい、別れにつながってしまうケースがままあります。

重要なのは、相手から愛されたいと思うより、自然のままに相手を愛し、生きていこうと決断することです。

親子関係だけでなく、男女の関係においても、人と人とが相互に依存し合う関係性というのは必要不可欠です。相手に与えられている一方で、自分も相手に与えているものがあり、そのうえで双方が等しい価値を実感していることが重要なのです。

そうした相互依存関係が築けていれば、ふたりが人生において向かい合っているものがそれぞれ違っていても、うまくつきあっていくことができます。

また、ふたりの間に我慢を強いることがあっても、相互に依存する関係のバランスがある一定レベルで保たれていれば、

もっと大きな希望を生み出すことができるのです。

人間は自分がある程度、我慢しても、そのことで他者が喜び、自分もその喜びを分かち合えれば、充足感を得られるものです。

重要なのは、ふたりで生きる実感を持ち、相互依存のバランスがとれることです。その点を考慮したうえで、子どもにどう手をかけるのか、ふたりで話し合ったらいいでしょう。

こうした相互依存のバランスがうまくとれない場合は、パートナーとの別れを繰り返したり、もしくは、子どもへの虐待に発展したりすることになりかねません。

近年、新しいパートナーとの同居による、子どもへの虐待が年々増えていますが、それはその子どもの母親や父親が未熟なだけでなく、その親のパートナーの人格もひどく未熟なケースが多いのです。

たとえば、再婚して子どもに虐待をする未熟な母親の心理というのは、大抵以下のようなパターンをたどります。

未熟な母親というのは、相手を愛するより、相手に愛され依存したいという欲望が強いものです。そのため、新しいパートナーと出会ったとき、その人から愛されたい一心で、自分も含めて子どもにも、相手の男性の日々の生活に邪魔にならないようにふるまわせます。

しかし、小さな子どもというのは、そんな気づかいができるわけがありません。すると、その母親は子どもに不満を持ち、注意をするようになるわけです。そうなると、さらに子どもはそんな母親に反発していうことをきかなくなる。

それに対して母親は、子どもの気持ちを思いやることができず、やっと築いた男女関係を子どもが妨害すると思い込み、ある種の虐待を子どもにするようになります。

そして、そう思う母親の感情はあっという間に、パートナーの男性にも伝染して、それが虐待をさらに進行させる結果となる。そういうケースが多いのです。

虐待は、こうした未熟な人格を持つ親が引き起こします。

〝人生50年〟といわれたかつての時代、私たち日本人は貧しく不自由であったのも手伝って、現在より速いスピードで心身ともに成熟していた気がします。

しかし、寿命が70歳、80歳となっていき、社会のシステムが充実し、豊かで自由になっていくにしたがって、私たちはある程度未成熟でも、生きていけるようになってしまいました。

現代は、若者に限らず中高年でも、ある種の幼児性を持ちながら生きている気がします。

その結果、多くの日本人が人間関係を粗末にし、孤立したなかで生きています。

たとえば、近年、若者が職場に定着せずに転職を繰り返す傾向があるのは、仕事に対する考え方の変化もありますが、上司や同僚と、社会のなかで生きていくために必要な人間関係を築けないことも大きな原因のひとつです。

人間関係を築くには、相手に依存し、なおかつ依存されるという部分で、ある種のうっとうしさというか、ストレスが生じるものです。それを未熟な人間は我慢することができないのです。そして、それは一方で、ストレスを癒やしてくれる人間関係を会社以外で築いていないことの現れでもあります。

家族や友人や恋人などの間で成立している相互依存関係は、ストレスを癒やしてくれる代表的なものですが、相互依存をうっとうしく感じる未熟な人間というのは、そうしたいい人間関係を築いていないことが多いのです。

人間はあるひとつの人間関係のなかで強いストレスを持ちな

がら、その一方で、別のいい人間関係のなかでストレスを解消する。そうしたメリハリを持つことで、充実した人生をおくっていくことができます。

人との交流というのは、人間が生きていくうえで欠かせないものです。人間関係をいかに築けるかが、人生を幸せに送るうえで重要な要素となるのです。

新しいパートナーと子どもとの関係は、親子間の信頼関係が築けていれば心配いりません

新しいパートナーと子どもの理想の関係というのは、母親が「私より新しい夫に子どもがなついている」と言える関係だと思います。

これまで私はこれと同様の言葉を、子どもを連れて再婚したお母さんたちから何度か聞いたことがありますが、とてもすばらしいことだと思います。それは、血がつながっていない子どもに慕われる関係を築くために、新しいパートナーの男性が、父親として自覚し、母親だけでなく子どもも含めていい関係になれるように努力した結果です。こうした自覚と努力があれば、ステップファミリーであっても、時間とともに家族の絆を十分に築くことができます。

テレビドラマや映画など物語のなかでは、思春期の子どもが再婚する母親やその相手に反発するといったシーンをよく見かけます。しかし、私がこれまで見てきたケースでは、子どもが新しい親に対して反発するということは、必ずしも一般的ではありません。

たとえば、それまでひとり親と子どもの間に親密な信頼関係が築けている場合は、その関係性が新しい親との関係にもシフトしていくため、子どもが不安定になったり、反発したりすることはほとんどありません。最初は緊張していても、時間とともに新しいパートナーときちんとつきあえるようになるのです。

また、親とうまく信頼関係ができていない場合でも、思春期になって、友だちなどの仲間と親密で健全な相互依存関係を築いている場合は、親の再婚に反発するようなことはさほどありません。親しい仲間に気持ちを傾斜していくことで、徐々に気持ちが安定し、新たな家族とも、やがてうまくつきあうことができるようになります。

このように人間のこころの健康というのは、人間関係の健康さに比例します。

強いストレスがあっても、ストレスを癒やすことができる人間関係がバランスよく築けていれば、その人間は充実した人生を生きることができます。

その反対に、人間関係のバランスが崩れていたり、人間関係が乏しい場合、人はこころの病を患うのです。

その意味で、私たち精神科医の治療というのは、究極的には患者さんの人間関係を調整し、正すということに尽きるのです。


子どもは親が人と交流する姿を手本にして、生きていくうえで必要な「社会性」を身につけていきます

私は親向けの講座で、自分の子どもをどんな子に育てたいかを聞くとき、「勉強、スポーツ、稽古事、思いやり」の4つを子どもに求めるものとして挙げて、その優先順位を聴講している人たちに問いかけます。

すると、たいての親は「思いやりのある子になってほしい、やさしい子になってほしい」と答えます。

しかし、そうは思っていても、親というのは、実際は学校の成績や、水泳やサッカーが人よりうまくできたり、英会話やピアノの上達というような、知識や能力が子どもにあってほしいと、こころのどこかで願っているのではないでしょうか。

そして、ともすると、子どもがそういった知識や技術を持つことで、その子の「人間ができた」と思ってしまいがちです。ところが、実際にはそんなことはまったくありません。知識の有無と、人格のすばらしさは比例しないのです。

人が生きていくうえで、本来必要としているのは、思いやりをもって人と上手に交わりながら生きていくことができる「社会性」です。

では、人が必要とする思いやりは、誰がいつ子どもに教えるのでしょうか。

思いやりの気持ちというのは、ほうっておいても育つものではありません。思いやりは、人が人を思いやっている姿を日ごろから身近にたくさん見ていることで、自然に子どものなかに育まれます。そして、その手本となる姿を見せる適任者は、子どもの身近にいるお父さんやお母さんなのです。

子どもは一般に、親が教えようとすることには反抗的になりますが、その一方で親のやっていることを手本にして、その通りに行動するものです。まさに、子は親の鏡なのです。

だから、思いやりのある子に育てたいと思ったなら、まず、親が人に対して思いやりのある行動をし、人から思いやられている姿を見せることです。

思いやりの感情とは、「人といっしょに喜び、人の不幸をいっしょに悲しむ」という共感の気持ちです。そして、この共感の気持ちは、自分が幸せでなければ人に対して抱くことが難しいものです。だから、子どもに思いやりのある気持ちを持たせようと思ったら、まず、人に共感できる親になってください。

そのためには、親が「人に依存し、ときには人から依存される」という相互依存関係を持つことが必要です。

地域の人や友人と親しい関係を持ち、挨拶を交わしあう姿を日ごろから子どもに見せておきましょう。人とふれあうなかで、ときには頼み事をして「ありがとうございました」と人に感謝する。また、人に頼られ、それに応えたときに感謝される。そうした姿を日々の生活の中で、親が子どもに繰り返し見せることで、子どもは人を信じて生きる喜びを、自ずと学ぶことができます。

そうしてさまざまな人との相互依存関係が築ければ、人間は自分に自信を持ち、人生を前向きに受け止めて生きていくことができるのです。

ところが、現代社会では、人に何かを頼むことがとても下手な人が多い気がします。自分が頼むことで、「相手に迷惑をかけるかもしれない」「嫌がられるかもしれない」、と卑屈に被害妄想的に思ってしまう傾向が強いのです。

まず、親が人を信じて人間関係を築いていかなければ、子どもが豊かな人間関係を築けるわけがありません。思いやりを子どもに伝えたいと思ったら、まず親が周囲にいる人を信じて交流し、楽しく生きる手本を子どもに見せてあげてください。

ただ、そのためにはまず、親子間の信頼関係をきちんと築いておくことが不可欠です。

親が子どもの喜びを自分の喜びとし、子どもの悲しみを自分の悲しみとして生きる。それができたら、子どもは同じように親の喜びや悲しみを共感できるようになり、親の生き方を通し

て、やがては思いやりの気持ちを持つようになれるのです。
しかし、最近の親は、「あなたがテストでいい点がとれたから、お母さんもうれしい」というふうに、とかく子どもに期待し、その期待に子どもが応えてくれたことで喜びを得る傾向があると、私は思います。
しかし、親であるならば、見返りを求めずに子どもの喜びを自分の喜びとしてほしいのです。なぜなら、子どもにとって、それこそが親の存在を「心からの安らぎ」と感じる根拠となるからです。

子どもに思いやりの心や社会性を身につけさせたいと思ったら、おとながそれを自らの姿で教える一方で、子ども同士の交わりを持たせることも必要です。
人は複数の人間関係なしには生きていくことができないから

です。

昔の子どもというのは、兄弟や近所の子ども同士で遊ぶなかで、社会のルールを身につけると同時に、人への思いやりを自然に身につけることができました。

しかし、地域社会が失われ兄弟も少なくなったいま、それはほうっておいてもなかなか体験できません。だからこそ、親が積極的に多くの家族と接する機会を持つことをこころがけてほしいのです。

たとえば、どこかへ出かけるとき、たまには子どもを持つ友人や家族を誘ってみましょう。すると、子どもは親同士が交流する姿からだけでなく、子ども同士で実際にふれあうことで社会性を身につけることができます。

もし、家族を誘って出かけることが難しいなら、その家の子どもだけでもいいと思います。ほかの家の子どもを預かることで責任が生じますが、同世代だけでなく、異年齢の子ども同士で親密に遊ぶ機会がほとんどない現代では、あえてそういう機会を持つことにとても意味があります。そうした機会は子どもが小さいうちに数多く設けるとよりいいと思います。そうすることで、子どもはより揺るぎない社会性や感性を育むことができます。

親が人生を豊かに生きることで、子どもに生きる力を与え、子どもを幸せにします

子どもの育ちに必要なことをさまざま述べてきましたが、まず子どもを育てる親自身が人生を豊かに生きていなければ、充分な子育てはできません。

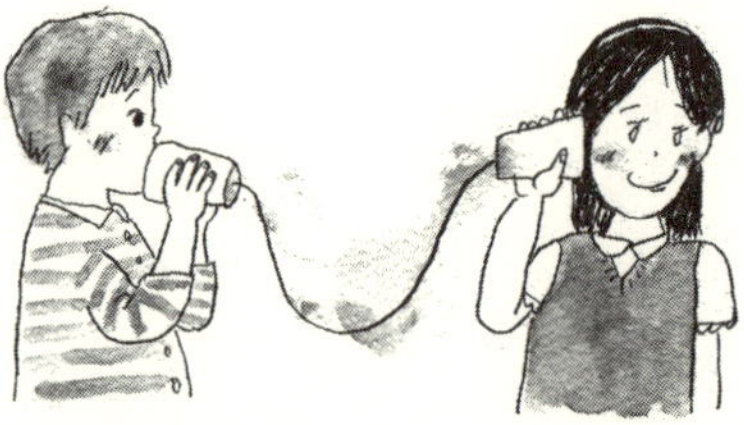

離婚をして子育てをしているような場合は、自分の人生の失敗に子どもを巻き込んで悪いことをしてしまったと、こころのどこかで負い目を感じているお父さんやお母さんもなかにはいると思います。

しかし、離婚というのは罪を犯したわけではなく、人生においてひとつの挫折をしただけのこと。しかも、離婚はその人自身がよりよい人生を歩むために真剣に悩み、最終的に下した決断です。しばらくの間はこころが苦しかったり、落ち込んだりすることがあったとしても、子どもに対して負い目を感じる必要はありません。

むしろ、これからの人生を前向きに捉え、子どもといっしょに楽しく生きていく努力をしてほしいと思います。

死別してひとりで子どもを育てている場合も同様です。これからの人生を子どものためにも力強く生きていってほしいと願います。

子どもは親や周囲のおとなたちの生きる姿から生きる術を学び、生きる力を身につけていくからです。

その観点から、いま私が危惧しているのは、ひとりか、あるいは両親がそろって子育てをしているかということより、親自身の生き方が孤立していて、生きることに下手になっている点です。

そして、そうした不安定な親の生き方が、子どもの育ちを不安定にしているのではないかと心配しているのです。

それをもっとも象徴しているのが、不登校や引きこもり、ニートの若者の増加です。

2009年の文部科学省の発表によれば、全国の不登校の小中学生は12万7千人。また、引きこもりの人の数は全国引きこもりKHJ親の会の推計で、160万人ともいわれています。

今から46年前の昭和41年（1966）、私が大学の医学部を卒業したとき、東大附属病院の精神科外来の統計では、15歳以下の子どもの患者は全体の0・4％しかいませんでした。

私はその当時から子どもの精神科医を目指していたのですが、そうした現状を知っていた教授や先輩方からは口々に、子どもの精神科医になることを「やめたほうがいい」と言われました。そして、「おとなのことをまず勉強し、その片手間に子どもの精神医療をしてはどうか」と多くの人からアドバイスを受けました。

しかし、私は子どもの患者さんが病院に来ないなら、そうした治療を求めている少年院や児童養護施設などの子どもたちのところへ出向けばいいと思い、当初の希望通り、子ども専門の精神科医となったのです。

ところが、それから8年後の昭和49年（1974）、東大へ治療に来る15歳以下の子どもの数は全体の10％にもなってしまいました。10年たらずの間に25倍にも増えてしまったのです。

周囲の人たちから「先見の明があった」と言われたりしましたが、私は子どもが好きだったので、子どもの精神科医を目指しただけだったのですが——。

以来、ずっと子どもの育ちを診続けてきました。

東大付属病院の外来は、その後予約が必要となり、一般の人が足を運ぶのが難しくなったのと、ほかの病院にも精神科ができたこともあり、現在、どのくらいの子どもの患者がいるのかは把握できていません。

しかし、私が子どもの育ちを診てきたこれまでの経験から思うに、こころの治療を必要とする子どもの数は、昭和から平成にかけてさらに増え続けていると思います。

現在、社会問題となっている不登校や引きこもり、ニートの増加はそのひとつの現れです。彼らは皆、人間関係が希薄で、拒食症や過食症などに陥っており、いろいろな形で社会に不適応な状態で生きています。私は彼らのような若者の増加は、親をはじめとする、おとな社会のゆがみが原因になっているのではないかと考えています。

子どもの気になる育ちは、子どもの遊びにも現れています。たとえば「ままごと遊び」には、昔からその時代の家庭の姿が反映されていますが、現在のままごと遊びにも日本の家庭の変化が如実に反映されています。

昭和30～40年代にかけては、ままごと遊びといえばお母さん役が女の子がいちばんなりたがる人気の役でした。女の子たちは皆、自分のお母さんだけでなく、友だちのお母さんや親せきのおばさんなど、自分の身近にいるお母さんの姿を思い浮かべて、お母さん役を演じていたものです。

ところがいま、ベテラン保育士さんから話を聞くと、お母さん役は、もう長い年月、女の子がやりたがらなくなっているそうです。仮にお母さん役になったとしても、しぶしぶ引き受け、子どもやお父さん役をしている子どもに指示や命令ばかりしているそうです。

十数年前までは、子どもが奪い合うようにお母さん役を希望していたため、くじ引きやジャンケンをして順番にお母さん役をやるようにしていました。しかし、いまはお母さん役になる子どもがどうしてもいない場合には、子どもたちは母親が死んでしまった家の設定にすることさえあるそうで、この話を聞いたとき私はとてもショックを受けました。

さらに、お父さん役はどうなっているかといえば、お父さんの役が設定されていないか、設定されていたとしても、その役になった男の子はうろうろしていたり、ぼーっとしていたりして、どう演じていいのかわからない子どもが増えています。ときには、ままごとが始まった途端に、お父さん役を演じた男の子が「ゴルフに行ってくる」と言って、どこかへ行ってしまうことさえあるそうなのです。

これは、家庭のなかでいかに父親の存在が希薄になっているかということの現れでしょう。

では、いまの子どもたちの間で人気の役は何かといえば、それは犬や猫などペットの役なのです。子どもたちはペットの役を皆こぞってやりたがります。

ままごと遊びにおいてペットの役というのは、確かに昔もありました。しかし、それは子どもたちが望んで演じたがるものではありませんでした。家庭のなかにペットはいたけれど、家庭の中心は人間で、ペットはその傍らにいて家庭を彩る脇役のような存在だったからです。

けれどもいま、家庭のなかにおけるペットというのは、おとなが自分を癒やすために無償ともいえる愛情を注ぎ、可愛がっている存在です。だから、それを子どもたちはふだんの生活のなかで見ていて、「ああいうふうに愛されたい」と無意識に感じ、ペットの役を演じたいと思うのでしょう。

日本の子どもはいま、いちばん身近な母親の存在を否定しているだけでなく、父親に関しては、家庭内における役割さえ意味のない存在として感じているのです。

このような現実のなかで育つ子どもたちは、果たして自分の将来や未来に希望を持てるのでしょうか。

親が前向きに生きていれば、子どもは自然におとなへの憧れを持ち、躊躇なくおとなになることを望むはずです

かつて、子どもたちは誰もが早くおとなになりたいと願っていたものです。

親に限らず、家庭でも地域でも、おとなたちは大きな力や権限を持っていて、子どもたちの憧れでした。

その反映として、ままごと遊びのなかではお母さんやお父さんのようになりたいと願い、誰もがその役をやりたがったのです。

そして、子どもはそうした大きな存在のおとなたちに依存と反抗を繰り返しながら、成長していきました。

おとなにたっぷり甘え、ときにはわがままを言っておとなを困らせる――。そのように大切に育てられた経験を十分にすることで、子どもは自分に自信を持ち、人との相互依存関係を上手に続けていく力を徐々に身につけて、健全に成長していったのです。

「早くおとなになって、自分も憧れているおとなと同じようにすばらしい人生を生きてみたい」

躊躇なく、子どもがそう願う感情の発達こそ、生きる力につながります。だからこそ、かつての子どもたちのように早くおとなになりたいという願いを持つ子どもが増えてほしいのです。

そのためにはまず親自身が自信を持ち、前向きに人生を生きていってほしいと強く思います。

子育てをすることは、生命を与えられたものに課せられた最大の使命であるといっても過言ではありません。

「人間」という文字を見ていると、人は人に支えられながら、人に寄りかかって生きていて、しかも人は人々の間にいて、はじめて人間になる――。そういう意味がしみじみ伝わってきます。言葉を生み出した先人の英知には、つくづく感心せずにいられません。

親と子どもが出会い、相互に依存し合いながら生きる。

子どもを育てるということは、子どもだけでなく親自身が自分を大切にして幸せに生きることでもあります。この子育ての重要性を、私は親だけでなく、より多くのおとなたちに知ってほしいとこころから思います。

子どもの喜びを自分の喜びとし、子どもの悲しみを自分の悲しみとして、どうか子どもに寄り添ってあげてください。子どもが生き生きと輝くことから得られる喜びは、何ものにも代えがたいものとなるはずです。

こういうと、子育てがなんだかとても大変なことのように感じる人がいるかもしれませんが、それはとてもシンプルで簡単なことです。ただ、子どもを愛しいと思う気持ちさえあればいいのです。

それはひとり親であっても十分可能なこと。それさえ間違わなければ、ひとり親であっても健全に子どもを育てることができます。

そして、それは同時に、親自身の生きる力にもなるでしょう。

第4章

こんなときどうしたら？
子育てQ＆A

Question 1

子どもの通う幼稚園や小学校のお母さん方が、ひとり親となった私を気づかってくれているのがわかります。しかし、かえってそれがプレッシャーになって、なんとなくおつきあいをするのが億劫になっています。アドバイスがあれば教えてください。

Answer

死別と違い、離婚はあなたが別れたほうがいいと思って決断したことです。離婚したことは悪いことをしたわけではないのに、あなたは離婚をしたことを人生における大きな失敗だと思い、こころのどこかで負い目を感じているのではないでしょうか。

周囲のお母さん方の言動が気になるのなら、自分から離婚した事実を話してみてはいかがでしょう。

これは発達障害の子どもさんを持つお母さんからお聞きしたことですが、そのお母さんも子どもの障害のことで、周囲にいる人たちから気づかわれて戸惑うことが多いそうです。そんなとき、そのお母さんは、あえて自分からわが子の障害について話してみるのだとか。

すると、それまで遠巻きに見ていた人たちも、それを機に積極的に話しかけてくれるようになり、おつきあいがスムーズにいくことが多いそうです。

私たち日本人は近年、いつのまにか人とのつきあい方が下手になってしまい、人とのコミュニケーションの方法がよくわからなくなっている傾向があります。

あなたの周囲にいる人たちも、あなたとのつながり方がわからずにとまどっているのかもしれません。

あえて離婚という事実を述べる必要もないのですが、もし、そうした環境に対してストレスを感じているのなら、あなたから積極的に行動を起こしてみてはいかがでしょう。離婚したことを話し、「今後もよろしく」と、ひと言伝えてみてください。

あなたを取り巻くお母さん方とどうお付き合いをしていくのか、それはあなたが決めればいいことです。しかし、周囲の気遣いがわずらわしいからといって、人とのつなが

りを切ってしまわないでいてほしいと思います。

なぜなら、人間は人との関係性のなかでしか生きていくことができないからです。孤立せず、人とつながっていくという自覚を持つことで、あなたの人生は豊かになるのですから。

Question 2

離婚後、実家の両親が何かと気をつかい、手を差し伸べてくれます。けれども、ひとりで育てると宣言して離婚した手前、頼って子育てをしてもいいものか迷っています。このまま頼ってしまってもいいのでしょうか？

Answer

ひとり親になったなら、実家のご両親だけでなく、信頼できる友人やご近所の方たちと積極的に交わって、そうした人たちの手を借りて子育てをすることをおすすめします。

子どもは複数の人間のなかで育てられることで、さまざまな価値観や社会の成り立ちについて自然に学びます。また、そうして質の異なる愛情が重層的に与えられることで、より深みのある人格を持ち、ひとりで育てるより子どもはうまく育ちます。

ただし、ご両親に子育てを手伝ってもらう場合は、あなたとご両親との間にきちんとした信頼関係があり、こころを許して接することができる、いい関係であることが前提です。

私が主催している「子育て広場」で出会ったある家庭は、

不幸にも母親と祖父母の関係がうまくいかず、同居を解消して別々に暮らすことになりました。

その家庭の祖父母はまだ若くて元気な方だったのですが、孫の言動が気になって、親以上に注意をしたり、叱ったりしてしまっていました。

「子育て広場」に来ていた母親から、子どもが祖父母を嫌うようになってしまい、また自分の子育て観とも隔たりがあるという悩みを聞いて、私たちカウンセラーが間に入り、その祖父母と話し合った結果、孫とその母親は祖父母たちとの別居に踏み切りました。

私たちはその祖父母に「お孫さんの存在をそのまま受け入れる姿勢でかわいがってあげてください。それがお孫さんの成長には必要なことです」と申し上げたのですが、ふたりとも「それは無理なことです。孫の言動が四六時中気

になって、イライラしてしまう」と言うのです。

若くて元気な祖父母に多いのですが、最近こうしたケースをしばしば見かけます。

近年、私は父性的になっている母親が増えていることを心配していましたが、最近は父性的で厳しい祖父母も増えている気がします。本来、祖父母というのは子どもが無条件に甘えられる存在であってほしいもの。実に寂しい話です。

前述したご家族は、別居をして孫と適度な距離を置いて以来、家族みんながそれぞれ楽しく暮らせるようになりました。

以上のようなケースは別にして、ご両親があなたの育児を助けてあげたいという純粋な気持ちがあり、子育てを手伝ってもらうことがあなたのこころの支えとなるのなら、お子さんの育ちのうえでも助けてもらうことをおすすめします。

親の豊かな人間関係は、子どもの育ちにいい効果をもたらします。その反対に、過度に親だけで育てられた子どもというのは、大きくなってから不幸な結果となることが多いのです。

「アイデンティティーはさまざまな人との出会いや関係を通して自分をつくっていくことである」と発達心理学者のエリク・H・エリクソンも語っています。

Question 3

家事と育児、仕事に日々追われて疲れているからでしょうか。最近子どもをかわいいと思えなくなる瞬間があります。イライラして、子どもを厳しく叱ってしまうこともあり、反省することもしばしば。こんな状態が続き、虐待をしてしまったらどうしようかと不安です。

Answer

少し前の話になりますが、NHKの『ハートをつなごう』というテレビ番組にコメンテイターとして出演しました。それは孤立した子育てをする母親が、身近なところで親しい人と交わることによってどうなるのかをレポートした番組でした。はじめはうつ病のようであったり、子どもに対してイライラしていた母親が、人とコミュニケーションをするようになってだんだん変わってくる。子育てにゆとりができ、いきいきとしてくるのです。

番組では時間の制約があるため、取材時に撮影した映像はほんのわずかしか使われていませんでしたが、そのディレクターの方はとてもていねいな取材を行っていて、番組出演の前に私は多くの映像を拝見しました。

そこには、人と人との関係のなかに自分の存在の意味を知り、生きる価値を実感するようになる、多くのお母さんの姿が映し出されていました。

あなたの悩みをお聞きしていると、まじめで一生懸命に子育てをしている姿が思い浮かびます。

しかし、その一方で、あなたはひとりで、孤立した子育てをしているのではないでしょうか。

家事や仕事をこなすだけでも大変なのに、ひとりですべての子育てをしていくのは、とても過酷なことです。育児に疲れていると感じているのなら、ここは肩の力を少し抜いて、人と交わる時間をつくってみてはいかがでしょう。

もし、そのきっかけがなかなかつくれないのなら、あなたが子どものころからしてきた趣味や、いま興味があることを始めてみるといいと思います。スポーツであってもいいし、絵を描くことであってもなんでもかまいません。自分が好きなことや興味のあることを、子どもを預けてもい

いので体験してみてください。

そうしたことに没頭しているうちに、人と接することが苦手なお母さんでも自然に人との交わりが持てるようになります。そして、人と交わっていくうちに、子育てへの悩みもやがて解消していくと思います。

「人間は人と相互に依存し合いながら、自分の存在を実感し、幸せを得ることができる」

アメリカの精神科医ハリー・スタック・サリヴァンのこの言葉は、子どもだけでなく、お母さん自身にとっても有効な言葉です。生きる力を持つためには、人と交わることが必要不可欠です。

あなたが人とのいい関係性を築くことで、無意識のうちにこころに余裕が生まれ、育児に対する悩みも徐々に消えていくでしょう。

Question 4

ひとりで子どもを育てている現在、経済的な不安も大きく、将来への明るい見通しも立てられません。子どもに未来への希望や夢を持たせるためには、どのように育てたらいいでしょう。

Answer

私が特任教授を勤める川崎医療福祉大学の大学院で、博士号を取得して、岐阜医療科学大学に赴任した鍵小野美和さんの研究に、興味深いものがあります。

彼女は日本と中国の大学生にアンケートを行って、彼らの生育歴と現在の精神状態について比較検討をしました。

アンケートでは、たとえば生育歴では以下のようなことを質問しました。

「あなたが赤ちゃんのころのお母さんの匂いを覚えていますか」「赤ちゃんのころのお母さんの声を覚えていますか」「赤ちゃんや幼いころにお母さんのすぐ隣で寝た、添い寝の記憶がありますか」

要するに、乳幼児のころのお母さんのことを振り返り、考えさせる問いを日中双方の学生に投げかけたのです。

そして、その回答に対して、たとえば最初の〝お母さんの匂いに対する記憶〃なら、「しっかりとある」「ある程度ある」「あるような気がする」「ほとんどない」「まったくない」という5段階の答えを用意。これに自由に丸をつけてもらいました。

そうして、生育に関する細かな質問をたくさんしたあとに、今度は大学生になった、現在の気持ちについて聞いたのです。

それは次のような質問でした。

「あなたは自尊心がありますか」「自己肯定感がありますか」「夢がありますか」「希望はありますか」「前向きで生きる意欲がありますか」「自分を感動的な人間だと思いますか」「想像力のある人間だと思いますか」

このような質問に対して、前の設問と同様に「とてもそう思う」から「まったくない」まで5段階の回答に答えてもらったのです。

　すると驚くことに、お母さんの匂いや声をしっかり記憶していると答えた学生ほど、自尊心や自己肯定感が強くあり、夢や希望を抱いていることが決定的に判明したのです。

　このことは、日本でも中国でも同じ傾向が見られました。

　ところが、日本と中国では、中国のほうが圧倒的にお母さんの匂いや声を覚えている人が多く、夢や希望を抱いて生きている若者が多かったのです。

　つまり、日本の学生はお母さんとの愛着関係が深い人が少なくて、自尊心や自己肯定感、夢や希望を抱けていなかったのです。

　この結果を知ったとき、日本の教員として私はとても悲しく思いました。

　この研究からは、お母さんへの愛着の感情がある子ども

ほど、夢や希望を抱くことができることがわかります。だから、子どもに前向きに生きる力を身につけさせたいと思ったら、まずたっぷり甘えさせてあげてください。

こう言うと「甘やかせた子どもはわがままに育つのではないか」と危惧する人が必ずいますが、親からしっかりと愛された子どもは無理なことを要求したり、自分本位な行動をしません。

むしろ、親から過干渉を受けた子どものほうが人の言うことを聞こうとせず、人の嫌がることをするケースが多いのです。

何度も言うようですが、これは私の臨床経験から明らかです。

人間というのは、より早い時期に与えられたものであればあるほど、その与えられたものを本人の揺るぎない感性

として育てていきます。

しかし、だからと言って乳幼児期にした子育ての失敗が取り返しのつかないものだとは、私は思っていません。

子育てはいつもやり直しができると思っているからです。子育てに携わる時間というのは、長くて膨大です。その間、子どもにとってずっといい親で、理想的な子育てができる人はいないでしょう。

たとえば、ときには親の感情をそのまま吐き出して、子どものプライドを傷つける叱り方をしてしまうこともあるでしょう。もし、そんな失敗をしてしまったら、素直に子どもに謝ればいいのです。そして、子どもを抱きしめて「愛している」と伝えましょう。

もし、乳幼児期にそうしたことができなかったと思うなら、いまからでも遅くありません。お子さんにこころをかけ、見守ってあげてください。

そのことは、子どものこころにすぐには届かないかもしれませんが、そういったことを繰り返し行っていくうちに、親子の絆が徐々に深まって、その結果、子どもだけでなく親であるあなたも人生に希望と夢を持ち、前向きに生きていけるようになるはずです。

Question 5

離婚調停中、もしくは離婚後の子どもの気になる言動（子どものこころの不調）が起こるとしたら、どんなことがあるのか教えてください。

Answer

子どもというのは基本的に、自分が家庭に帰ってきたら親は全面的に自分のほうを向いてほしいと思っているものです。

しかし、離婚をするかどうかがまだ未確定で、しかもそれが調停中のような場合、お母さんやお父さんは、離婚問題に注意がいきがちで、こころここにあらずのような状態になりがちです。子どもはそうしたお母さんやお父さんの様子を敏感に感じとり、不安定になるのです。

それは、ある意味「赤ちゃん返り」といっしょです。「赤ちゃん返り」とは、それまでひとりっ子だった子どもが弟や妹が生まれることで、親の注意がそちらに向くことで、不安定になり、指しゃぶりをしたり、おねしょや夜泣きをしたりするようになることですが、離婚調停中の家庭の子どもに気になる言動が起こるとしたら、それと同じ

ようなことが起こるのではないかと思います。

もし、そうした気になる言動が子どもに生じた場合は、これまでより、子どもの話を聞いてあげることにこころを砕いてください。そして、その子の言葉や要求にできる範囲で応えてあげてください。

親が自分の言うことをじっくり聞いてくれることで、そのすべての要求を満たしてもらえなくても、子どものこころは安定し、落ち着いてくると思います。

私たち精神科医がインターン時代に先輩や先生方からよく言われるのが、次のような言葉です。

「患者さんから話をよく聞くことができるようになったら一人前だよ。それができるようになったなら、患者さんの問題の半分は解決しているんだ」

この言葉は、実は精神を病んでいる人だけでなく、健常に生活している人にも当てはまります。人間はおとなも子どもも一様に、人が自分のことに気を配り、自分の気持ちを思いやってほしいとこころのどこかで願っているのです。

お子さんの不安定な様子を感じたら、「どうしたの?」と言葉かけをするより、しっかり向き合い、話を聞いてあげてください。

幼くて言葉の発達が未熟な場合は、その子の思いを聞いてあげるようにこころがければいいのです。

「ダッコして」と言ったなら、やさしくダッコして抱きしめてあげてください。「眠いの」と言ったなら、「じゃあ、いっしょに寝ようね」と言って添い寝をしてあげてください。

子どものこうした気持ちに応えてあげることで、気持ちが落ち着いて、やがて安定した状態になると思います。

Question 6

生まれてすぐに離婚して以来、父親のことをきちんと話していませんでした。3歳になったいま、「どうしてお父さんがいないの?」と聞かれました。どのように答えたらいいでしょう。
また、子どものお友だちに同様のことを聞かれたら、どのように答えたらいいでしょうか。

Answer

日本の場合、離婚に対して負い目を感じたり、周囲の人が悲壮感を持ったりする傾向がありますが、離婚は、あなたとパートナーの意志で決断したことで、社会的に悪いことをしたわけではありません。離婚をしたからといって、引け目を感じる必要はまったくないことを、まずお子さんに伝えましょう。

たとえば、「お父さんとは離れて暮らしたほうが幸せになれると思ったから、離れて暮らすことにしたの。悪いことをしたわけじゃないのよ」と素直に気持ちを伝えればいいと思います。そのうえで、別れた理由をありのままに伝えればいいと思います。

「お父さんはすぐ怒る人だったから」
「いっしょに暮らしたけれど、仲よくできなかった」
「どうしても好きになれなくなってしまったから」

というように、本当のことを、その子どもがわかる言葉で伝えましょう。

いっしょに暮らしているお母さんやお父さんが、子どもを十分愛して育てているのなら、子どもは親の言葉をしっかり受け止めて、きちんと育っていきます。

注意すべきは、あくまで「事実」だけを言うことです。別れたパートナーに対しての恨みや怒りがたとえあったとしても、感情は抑えて話しましょう。そうした想いを伝えなくても、子どもは敏感なもので、大好きなお母さんやお父さんの気持ちや雰囲気を十二分に察して理解しているものです。

お子さんの友だちに聞かれた場合も同様です。感情的なことを排除して、事実を伝えましょう。離婚について、子どものわかる言葉で伝えればいいと思います。

Question 7

離婚後、別れた父親に会いたいと、子どもが言いません。私に気をつかっているのでしょうか？　また、どうしたら自然に会わせてあげられるでしょうか？

Answer

これまでたくさんの離婚した親子を見てきて思うのは、離婚に至る原因は十人十色。離婚家庭の数だけ、それぞれの理由があります。

離婚後の対応も千差万別で、お母さんが別れたお父さんに気楽に連絡をとって子どもを会わせているケースもあれば、その逆で別れた親とまったく連絡もとらず会っていないケースや、たとえ会ってもほとんど親同士は会話せず、子どもだけが別れた親と会う機会を持っているケースなどさまざまです。

もし、別れた親に会いたいとお子さんが言わないのなら、いっしょに暮らしている親の気持ちを思いやっているのかもしれませんし、別れた親にいまは本当に会いたくないのかもしれません。

もし、気になるのならあなたの気持ちをお子さんに伝え

てみてはいかがでしょう。

あなたがもしお子さんを別れた親と会わせたいと思っているなら、「会ってみてはどうかしら」と言ってみたらいいですし、別れた親と子どもが会ってほしくなかったら、「お母さんはあなたがお父さんに会うのはあまりうれしくないの」と、思いを正直に伝えてもいいと思います。

あなたの言葉で、子どもが別れた親に会っても、会わなくても、子どもはやがてあなたと対等なおとなの人格に成長し、自立していきます。そして、そのときあなたや別れた親が求めようと、拒否しようと、子ども自身が親と向かい合うときが必ずやってきます。

離婚後、重要なのは別れた親と会うか、会わないかではなく、いっしょに暮らすあなたが子どものことをしっかり受け止めて、愛し育てていくことです。

わが子への愛情に自信があれば、お子さんは心配いりません。また、十分愛していれば、ご自身の気持ちも、自然にお子さんに伝えることができると思います。

Question 8

父親を失ったばかりでなく、生活環境もまったく変わり、息子はとまどっているようです。思春期の難しい時期に、こうした変化に子どもが対応できるかどうかがとても心配です

Answer

子どもが思春期を迎えたとき、お母さんの場合は男の子、お父さんの場合は女の子というように、異性の子どもをひとりで育てている方は、自分が思春期に歩んできた道とは違うのではないかと思い、不安を抱き、子育てに自信がなくなる場合があるように思います。

しかし、それはあまり気にならないほうがいいと思います。思春期の子どもについては第2章でも述べたように、どの子どももアイデンティティーを追い求めて、もがき苦しむ時期で、戸惑いがあって当然です。また、誰もがそうした時期を経て、おとなになっていくのです。

ただ、この時期の子どもは純粋で、世の中の理不尽なことや悪いことを許せなくなる傾向があります。

たとえば「自分の周囲の環境はこうでなければならない」と思ったり、「家庭はこうあるべきだ」というふうに、かたい価値観を持つのです。

だから、その時期、離婚して環境が変わっても、自己の確立をしつつあるだけに、環境の変化になかなか対応ができませんし、それは仕方がないことです。

無邪気な幼児と違って新しい生活に慣れるには時間が必要なのです。

お母さんが子どものことを心配になる気持ちもわかりますが、しばらく子どもの感情の赴くままにゆだね、見守っていてあげましょう。自己が確立するにしたがって、やがて子どもが持つ純粋さが、いい意味でまろやかになっていき、環境の変化にも対応できるようになります。

Question 9

15歳の男の子です。思春期に入ってから、あまり好ましくない友人関係を持っているようで、夜遅くまで、コンビニでたむろをしています。心配で仕方ありません。このままほうっておいていいものでしょうか。

Answer

小学生の高学年までは素直だった子どもが、中学生になって急にこのような生活をするようになると、お母さんはとても心配になると思います。自分が離婚をしたからではないかと、悩む方も多いようです。

しかし、こうした行動は思春期にありがちな行動です。心理学の世界ではこうした行動を「注意獲得行動」(attention seeking behavior)といいます。

私は「こっち見て行動」と呼んでいるのですが、要するにそうした子どもはコンビニエンスストアの前でたむろをすることで、親や周囲のおとなたちに自分に注目し、振り返ってほしいと訴えているのです。このような行動にはほかに、驚くほど派手なお化粧をしたり、暴走族に入って車やバイクに乗り、大きな音を立てて仲間と公道を走るといった少年少女たちの行動が挙げられます。

そして、こうした行動をする子どもの生育歴を調べてみると、ご両親が自覚しているかどうかは別にして、その子の乳幼児時期に、親からややほったらかしにされていたというケースが多いのです。
子どもは生後6か月から18か月の間、自分がよちよち歩きをしながら不安になり、振り返ったときに見守ってくれるおとながいないことが繰り返された場合、非行や犯罪に走る傾向があるということが、精神科医ロバート・エムディの20年間にわたる子どもの生育の追跡実証研究で証明されたということを、第1章で紹介しました。
コンビニにたむろするという行動は、少年たちが幼児期に満たされなかった、周囲の人間の見守りを、仲間とたむろすることで取り戻そうとしているのです。
また、それと同時にたむろしている仲間と、相互に依存

し合いながら、基本的信頼感と社会性を育み、自立する準備をしているのです。
まさに同じく第1章で紹介したエリク・H・エリクソンの言葉どおり。「人は見せかけの前進はあっても、必ず後戻りをする」わけです。
子どもがこのような行動を思春期に入ってし始めたら、本当のことを言えば、ある一定期間は、親は見守っているしかありません。周囲のおとなたちがこうした少年たちの行動に対して眉をひそめているとしても、少年たちにとってはそれが見守られたという疑似体験につながって、やがてこころが満たされて問題行動から卒業していくからです。
しかし、そうは言っても、傍らで子どもの様子を見ているお母さんは心配で、何か手立てはないかと思い悩むでしょう。

もし、どうしても行動を起こしたいと思ったら、そんなときには、まずお母さんがその子にできることをしてあげてください。

有効なのは、これまで何度も述べてきましたが、やはり「食事」です。子どもが食べたいものを聞いて、それを食べさせてあげましょう。贅沢な食事をする必要はありません。子どもの好きな料理を作り、いっしょに楽しく食卓を囲む。ただそれだけでいいのです。

もちろん、すぐにいい反応はないでしょう。しかし、急がず繰り返し、できるだけいっしょに食事をしてください。ときには、ごはんをいっしょに食べる傍ら「お風呂をわかしてくれないかしら」「雨戸を閉めてくれないかな」などと、子どもに家事の手伝いを頼んでみてもいいでしょう。

そうした親子の関係を紡いでいくうちに、相互依存関係を築けるようになり、親子関係が徐々に修復していくはずです。

Question 10

離婚後、転校をしたのですが、不登校気味です。朝になるとお腹が痛くなり、休むことが多くなりました。私は働きに出なければならいので、ずっとそばについていることができません。いい対処方法がありましたら教えてください。

Answer

子どもが不登校になるには、いろいろな思いが交錯していると思いますが、その根底にあるものは、学校の友だちといきいきと交われないことが原因です。親の離婚が不登校の引き金となる可能性はありますが、離婚が根本的な理由ではないでしょう。

それは、お子さんが友だちと交わる力が弱いせいもありますが、お子さんが所属するクラス全体が、人と交わる力が弱い傾向にあることも考えられます。

対処方法としては場合によってはお子さんを転校させるというのも、人間関係をつくるのに努力しやすい環境を与える意味で有効です。

「早く学校へ行けるといいね」とか、「学校へ行きなさい」などとは決して言わないよう気をつけましょう。あくまでもお子さんが学校に行けるようになるのを「待つ」姿勢で、

じっと見守ることが必要です。

また、家庭の親子や兄弟における人間関係をいきいきとさせる努力をすることも必要不可欠です。無理に学校へ行かせる必要はありません。家族でおしゃべりをする機会を多くしたり、可能なら、おばあちゃんや親せきの家に子どもを預けるのもいいでしょう。

平日は無理だということであれば、夏休みなどの長期休暇を利用して、ある一定期間預ける方法もあります。お子さんを預ける家に、同世代の従妹などがいたら、さらにいいと思います。

また、お子さんと遊園地や海水浴などへ遊びに出かけるとき、子どもの友人や同世代の甥や姪をいっしょに連れていくのもいいでしょう。

「いつまでもゆっくりしていていいんだよ」というスタ

ンスで、楽しく人と交わる機会をたくさんつくって、コミュニケーションの練習をさせてあげてください。

そのためには、お母さん自身の人間関係もいきいきとしておくことが必要です。自分自身のこれまでの人間関係を振り返り、近隣や仕事の同僚や上司などとの関係を見つめ直して、人と交わる機会を持つ努力をしてみてください。

そうして、お母さんの人間関係が豊かになり、人とつながっていくことで、子どもの人間関係も自然にいい状態になると思います。

Question 11

最近、ボーイフレンドができたみたいです。近年の子どもは、女の子でも積極的で、セックスに対しても奔放だと聞きました。父親ひとりで育てており、非常に心配しています。親として子どもへのアドバイスをどうしたらいいか悩んでいます。

Answer

京都大学の大学院で准教授をしている木原雅子さんが行った若者の性行動における研究データで、興味深いものがあります。

木原さんは多くの大学生にアンケートをして、若者の親子関係と高校時代の性行動に相関関係があるという結論を導き出しました。

それは、自分の親に大切にされたと実感している子どもほど、高校時代に性的な経験をする子どもが少ないという非常にシンプルな結論でした。

また、その反対に親から大事にされていなかったと思っている子どもほど、性行動を多数経験していたのです。

このことに象徴されているように、親に愛されたと実感し、人間関係が豊かな子どもは、自分を大切にするため安易に性行動を起こそうとしないのです。

お子さんにボーイフレンドができて心配なら、交際を反対するのではなく、さりげなくこれまで以上に気を配り、手をかけてあげてください。

それがいちばん自然にできるのが、前にも述べましたが、食事時間を豊かにすることです。

料理はささやかなものでもかまいません。こころを込めて料理を作り、それをいっしょに食べ、親子で楽しい時間を過ごしてみてください。食事を共にすることは、人と気持ちがいちばん通じ合える場となるからです。よくも悪くも食事への気づかいほど価値の高いものはありません。

仕事で忙しいかもしれませんが、できるだけお子さんといっしょに食事をするようこころがけてみてください。

お父さんの愛情を感じたら、自分を大切にしようと思い、安易な行動には走らないと思います。

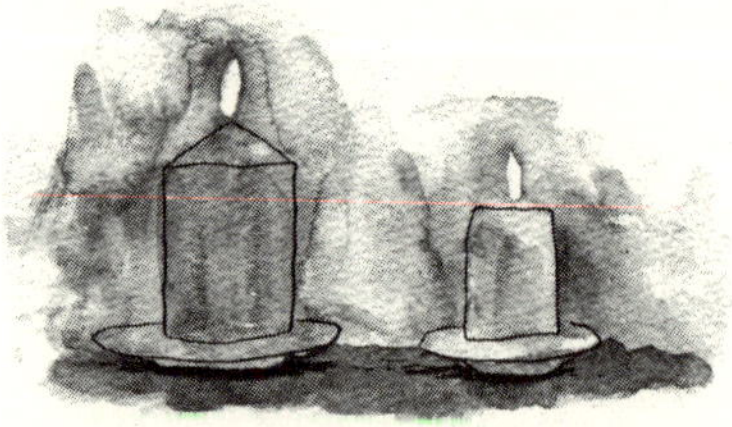

佐々木正美［ささき・まさみ］

児童精神科医。川崎医療福祉大学特任教授・ノースカロライナ大学医学部精神科非常勤教授。

１９３５年、群馬県前橋市生まれ。新潟大学医学部卒業後、東京大学で精神医学を学び、ブリティッシュ・コロンビア大学で児童精神医学の臨床訓練を受ける。帰国後、国立秩父学園、小児療育相談センター勤務の傍ら、東京大学や東京女子医科大学で児童精神科医として臨床に携わる。自閉症療育プログラム〝ＴＥＡＣＣＨ〟を日本で最初に紹介、普及に努めている。また、全国各地の保育園、幼稚園、学校、児童相談所、養護施設などで勉強会、講演会を40年以上続けており、子どもの臨床現場に立ち会ってきた経験から著した数々の育児書は、多くの母親達の信頼と支持を得ている。『子どもへのまなざし（正・続・完）』（福音館書店）、『育てたように子は育つ』（小学館文庫）をはじめ、著書多数。

２０１７年６月死去。

ひとり親でも子どもは健全に育ちます

シングルのための幸せ子育てアドバイス

2012年11月6日　初版第1刷発行
2023年5月13日　　　第9刷発行

著　者　佐々木正美
発行人　杉本 隆
発行所　株式会社　小学館
〒101-8001
東京都千代田区一ツ橋 2-3-1
編集　03-3230-5686
販売　03-5281-3555
印刷所　三晃印刷株式会社
製本所　株式会社　難波製本

構　成　山津京子
イラスト　本田　亮
デザイン　飯塚文子
校　正　別府由紀子

制　作　酒井かをり
　　　　木戸　礼
販　売　窪　康男
宣　伝　阿部慶輔
編　集　半澤敦子

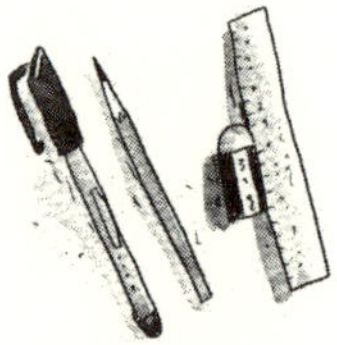

ISBN 978-4-09-311407-3